Anjos
acreditar e receber

Anjos

acreditar e receber

Como incorporar a sabedoria e o auxílio dos anjos em nossa vida

Glennyce S. Eckersley
e Gary Quinn

Tradução
Luís Fragoso

LAROUSSE

Título original em inglês: *Angels: believe & receive*
Publicado em 2007 por Rider, uma logomarca de Ebury Publishing,
empresa do grupo Random House

Edição brasileira
Gerente editorial **Solange Monaco**
Editor **Isney Savoy**
Assistência editorial **Leila Toriyama**
Coordenação **Praia da Palavra**
Preparação de texto **Ceci Meira**
Revisão **Hebe Ester e Capitu Escobar de Assis**
Capa, diagramação e projeto gráfico **SGuerra Design**
Foto de capa **© 2008 Jupiterimages Corporation**
Produção gráfica **Marcelo Almeida**

Dados Internacionais de Catalogação na Publicação (CIP)
(Câmara Brasileira do Livro, SP, Brasil)

Eckersley, Glennyce S.
Anjos : acreditar e receber / Glennyce S. Eckersley e Gary Quinn ; tradução Luís Fragoso. -- São Paulo : Larousse do Brasil, 2008.

Título original: Angels : believe and receive.
ISBN 978-85-7635-278-5

1. Anjos 2. Vida espiritual I. Quinn, Gary. II. Título.

08-00313 CDD-133

Índice para catálogo sistemático:
1. Anjos : Esoterismo : Ciências ocultas 133

1ª edição brasileira: 2008
Direitos de edição em língua portuguesa, para o Brasil, adquiridos por
Larousse do Brasil Participações Ltda.
Av. Profª Ida Kolb, 551 – 3º andar – São Paulo – SP – CEP 02518-000
Telefone (11) 3855-2290 – Fax (11) 3855-2280
E-mail: info@larousse.com.br
www.larousse.com.br

Às estrelas e aos anjos em nossa vida

Sumário

Introdução

As sete estrelas

A estrela da manhã deste novo dia contempla um mundo diferente.

O PEQUENO LIVRO DOS MILAGRES

Este livro conduzirá você por uma viagem celestial ao redor de sete estrelas especiais. Como você poderá ver, cada estrela representa poderes angelicais particulares e contém qualidades vitais, tais como a crença em si mesmo, o amor e a paz. Através de histórias intrigantes, citações inspiradoras e uma variedade de exercícios práticos, você descobrirá como utilizar esses poderes celestiais e trazê-los para sua própria vida.

E por que sete estrelas? Primeiramente, consideremos o número sete. Como autores e especialistas em anjos, temos um conhecimento cada vez maior sobre o número sete e um fascínio crescente por ele. E não estamos sozinhos: cada vez mais pessoas parecem estar estudando as qualidades desse algarismo intrigante, como mostram os numerosos artigos em revistas e *workshops* que oferecem novas compreensões a seu respeito. É, decerto, um número altamente significativo na literatura, na música (são sete as notas básicas) e na matemática; o sete é freqüentemente considerado particularmente sagrado, nos vários sentidos da palavra, em todas as grandes religiões e em muitas crenças antigas, em que sete aspectos são julgados significativos.

Muitos pensam que o sete é um número com atributos místicos. Tenhamos ou não consciência disso, ele domina muitos aspectos de nossa vida. Segundo a sabedoria antiga, a alma do homem consiste em sete propriedades, cada uma das quais está sob a influência de um dos sete planetas, ou "estrelas". Da mesma forma, havia os sete antigos pilares da sabedoria. No ensino da ioga, sete cores básicas são atribuídas aos chacras (os pontos de energia do corpo), e há os que conseguem enxergar as sete cores que se manifestam nas auras pessoais. E, claro, há sete cores no arco-íris.

Segundo a Bíblia, a duração média da vida de um homem era de três vintenas de anos mais dez, o que totalizava 70, ou sete décadas. A história bíblica da Criação apresenta os sete dias em que o firmamento foi completado, e diz-se que Deus criou sete níveis de Paraíso – do que deriva a expressão "no sétimo céu". No Velho Testamento, o faraó do antigo Egito teve um sonho segundo o qual haveria sete anos de abundância seguidos de sete anos de fome. O líder Moisés, que conduziu os israelitas para fora do Egito e recebeu os Dez Mandamentos, pertencia à sétima geração depois de Abraão. Na tradição judaica, o festival de Sucot, segundo a ordem de Deus, deveria durar sete dias, e o Yom Kippur e o Rosh Hashaná ocorrem no sétimo mês do calendário judaico. Quando um parente próximo morre, muitas famílias judaicas ainda observam o período de luto (o *Shiva*) por sete dias. No Novo Testamento, o livro final, Apocalipse, descreve um pergaminho com sete selos, que inspirou o cineasta Ingmar Bergman em seu filme *O sétimo selo*. Ainda hoje, cada semana do calendário ocidental tem sete dias, e o sétimo permanece "sagrado" na tradição cristã.

O teólogo místico Emanuel Swedenborg escreveu extensivamente sobre o significado do número sete. Na obra *Arcana Celestia*, ele discorre sobre os sete dias da Criação e os sete estágios da regeneração do espírito humano. Falando sobre o significado dos números na Bíblia, assim ele se refere ao sete: "Quando o sete aparece, o que é sagrado se manifesta aos anjos". Swedenborg ensina que há grupos de anjos no Paraíso, zelando constantemente pelas pessoas, sobretudo as crianças, e lendo a Bíblia. Quando a palavra "sete" é lida, isso, para os anjos, implica santidade. É por isso que o sétimo dia, por exemplo, é considerado sagrado.

O reverendo David Gaffney, um músico estudioso da obra de Swedenborg, ensina essas revelações em seus *workshops*, e observa que "as sete notas da escala musical representam tanto os sete estágios da Criação do cosmo quanto as sete fases da criação do espírito humano". Há, na verdade, sete arcanjos: Miguel, Jofiel, Samuel, Gabriel, Rafael, Uriel e Ezequiel (como veremos no capítulo "A estrela da confiança", cada anjo está associado a determinada cor). As sete notas também são fundamentais para o antigo mas recentemente redescoberto eneagrama, que está se tornando muito popular entre todos os tipos de grupos como ferramenta para a análise do caráter.

Assim, o número sete continua a nos intrigar, ainda hoje, com suas diversas associações. No entanto, há uma influência igualmente interessante, no paraíso, das estrelas. Desde a primeira infância, muitos de nós descobrimos um fascínio pelas estrelas que nunca mais desaparece. Como seres humanos, somos literalmente explosões de luz estelar – dividimos nossos átomos com o material das estrelas, como fazemos, na verdade, com todos os outros seres vivos.

Os povos indígenas atribuíam grande importância às constelações, assim como os marinheiros. Particularmente reverenciada, especialmente entre os nativos da América do Norte, era a Ursa Maior, que é composta de sete estrelas. Acreditava-se que as estrelas, na verdade, eram pessoas que tinham morrido.

O esplendor das estrelas também está refletido na ciência da astrologia. Muitos de nós consultamos o horóscopo com freqüência, ainda que não acreditemos nele, considerando essa prática uma pequena brincadeira. No entanto, o estudo dos planetas e de sua influência sobre nossa vida vai muito além do que é sugerido pela maior parte dos horóscopos das revistas e jornais. Segundo os astrólogos, os mapas astrológicos detalhados mostram como os planetas influenciam não somente cada indivíduo, mas também acontecimentos mundiais.

Ao escrever este livro, pareceu-nos um passo lógico combinar o sete, um número especial, e as estrelas. Como você poderá ver, estas estrelas angelicais e suas propriedades estão ligadas a áreas da vida moderna que exigem muito de nós. Assim, muitas pessoas estão em busca de um apoio e uma orientação que nós realmente esperamos fornecer nestas páginas.

Os exercícios práticos de cada capítulo têm o propósito de estimulá-lo a envolver-se criativamente com as situações de sua vida e oferecer-lhe maior compreensão, coragem e harmonia, incluindo a liberdade de livrar-se de coisas que não estão mais dando certo para você, de pedir o que está merecendo ter como experiência e de ser o tipo de pessoa que sabe que pode ser. As meditações de cada capítulo farão que você possa entrar em sintonia com seus pensamentos e sua intuição, e também com os poderes angelicais que já existem em sua vida – dos quais você ainda não se deu conta. Se forem repetidas sempre que aparecerem, as "Afirmações" ajudarão a fortalecer sua ligação com a esfera celeste, ao passo que as "Dicas especiais dos anjos" e as "Estrelas divinas" lhe oferecerão alimento divino. As histórias verdadeiras mostram os anjos trabalhando na vida de pessoas comuns em todo o mundo.

Gostaríamos de acrescentar que, como sugere o título, a idéia central deste livro está baseada no princípio de acreditar e receber. Muitas pessoas, hoje, referem-se a esse princípio como o "Atendimento Cósmico de Pedidos", que poderia parecer simplesmente mais uma moda passageira, a ser talvez ignorada. O "Atendimento Cósmico" é, no entanto, somente um nome novo para um antigo sistema de crenças. Em seu Evangelho, São Mateus cita a fala de Jesus, "Peça e lhe será dado". Onde, exatamente, Ele diz isso? Ora, no capítulo VII, versículo 7, é claro!

Ao longo deste livro, sete capítulos o ajudarão a navegar por entre as sete estrelas angelicais, em uma viagem mágica que poderá enriquecer sua vida para sempre...

Feliz contemplação das estrelas!

Glennyce S. Eckersley e Gary Quinn

1

A estrela da crença em si mesmo

Se você cometeu erros, há sempre uma nova chance...
Você pode recomeçar no momento que quiser, pois o que chamamos de "fracasso" não é a queda, mas o estado de desânimo.

Mary Pickford

Atriz americana (1893-1979)

A crença em si mesmo é um dos elementos que compõem uma vida feliz. Para desfrutar de uma existência plena e positiva, e a fim de criar uma mudança benéfica no mundo ao nosso redor, precisamos primeiramente acreditar em nós mesmos. Se isso acontece, e se os anjos estão presentes para nos ajudar, o céu é, literalmente, o limite daquilo que podemos conquistar. No entanto, para poder realmente alcançar a crença em nós mesmos, talvez tenhamos de trabalhar um pouco para mudar internamente.

A expressão "você é o que você come" talvez lhe soe familiar. Vamos dar um passo adiante, dizendo "você é o que você pensa". A mente é uma ferramenta muito poderosa, pois tudo o que fazemos ou dizemos para pôr mudanças em prática tem origem em um simples pensamento. Assim, é importante identificar o que desejamos mudar ou conquistar na vida, pois as coisas acontecerão de acordo com aquilo que tivermos em mente. Para fazer que nossos pensamentos levem a mudanças positivas, temos de baseá-los em uma poderosa crença em nós mesmos.

No entanto, nossas experiências passadas podem indicar que, de início, carecemos da convicção de que podemos atingir nossos objetivos, e talvez precisemos deixar para trás os padrões de pensamento negativo que nos impedem de progredir. Se emitirmos vibrações positivas, não só estaremos enviando as mensagens certas para os outros, como poderemos convencer a nós mesmos, no meio do processo! Para muitos de nós, quando as coisas começam a parecer meio difíceis, aqueles sentimentos de dúvida que nos são familiares ganham terreno dentro de nós. É nesse momento que precisamos afastar os pensamentos negativos de nossa mente e entender o conceito de que, se acreditarmos em nós mesmos, os objetivos que temos serão completamente realizáveis, e então receberemos a ajuda necessária para alcançá-los.

Quais são seus objetivos na vida? Eles estão relacionados à sua carreira? Sua vida pessoal está merecendo atenção especial? Uma vez que tenha objetivos claros em mente, você poderá trabalhar para atingi-los. O processo talvez demande paciência e alguma perseverança, como você verá neste capítulo – afinal, se você duvidou de si mesmo por muitos anos, talvez leve algum tempo para recuperar a crença em si mesmo. A fim de se automotivar, pare um momento e considere a seguinte pergunta: quando o filme de sua vida for projetado, no final desta viagem, você quer que ele seja um documentário tedioso e previsível? Por que não deixar que seja um épico estimulante e cheio de provas de que seus dons foram bem usados, além de um registro do verdadeiro apreço que você sente pelo mundo ao seu redor, pela natureza e pelas pessoas?

No que se refere a atingir seus objetivos na vida, trata-se menos de "ver é acreditar" do que "acreditar é ver".

Ao explorar a estrela da crença em si mesmo, você encontrará formas de transformar o modo como se sente em relação a si mesmo. Descobrirá como dar prioridade a seus objetivos e então atingi-los, enquanto aprende a identificar suas verdadeiras paixões na vida, e assim atrair novas oportunidades para si. Então, não tenha medo de lançar-se em direção ao futuro – isso não passa de uma mudança!

Dica especial do anjo

Para fortalecer sua ligação com o paraíso, saia de casa e olhe para o céu numa noite clara e cheia de estrelas. Então, escolha uma estrela ou mesmo uma constelação, e torne-a sua. Saiba que, toda vez que você contemplar esse corpo celestial e pedir aos anjos que estejam a seu lado, uma resposta positiva aparecerá. Por sua vez, esta prática ajudará você a encorajar-se sempre que precisar de um estímulo.

Exercício
Ouça o seu corpo

Como nossa vida reflete o que sentimos em relação a nós mesmos, precisamos primeiro amar a nós mesmos, antes de poder amar os outros. Isso significa nos conhecermos e nos aceitarmos. Comecemos pelo nível físico, com uma pergunta simples – o que o seu corpo está lhe dizendo?

Leia todo o exercício, antes de mais nada, e, quando tiver memorizado o que deve fazer, comece. Sente-se confortavelmente em um quarto escuro. Relaxe na cadeira, visualizando uma luz azul sobre sua cabeça. Imagine essa luz percorrendo todo o seu corpo, da cabeça à ponta dos dedos dos pés, pouco a pouco.

- Pare quando a luz estiver na cabeça. Você sofre de dores de cabeça? O que pode estar causando isso? Aceite quaisquer respostas que possam lhe vir à mente. Permita-se relaxar e visualizar qualquer tensão na luz azul, antes de ir ao passo seguinte. Faça o mesmo após cada passo abaixo.
- Concentre-se nos ombros. Eles estão relaxados ou tensos? Sente alguma tensão na base do pescoço? O que seus ombros estão lhe dizendo sobre os fardos que você anda carregando?

- Concentre-se nas costas e na região da barriga. Alguma dor ou desconforto nessa região? O que suas costas estão lhe dizendo sobre a necessidade de apoio que você tem?
- Concentre-se no baixo-ventre e nos quadris. Eles estão relaxados? Quão confortável é sua postura perante o mundo? Que tipo de problemas você talvez esteja tentando digerir?
- Concentre-se nas pernas e nos pés. Sente cansaço nos membros? O que eles estão lhe dizendo sobre sua postura e direção no mundo?
- Com o tempo, uma calma reflexão sobre seu bem-estar físico, combinada com a paz que a meditação proporciona, pode ajudá-lo a compreender as mensagens que seu corpo lhe manda, e eliminar as dores. Ao familiarizar-se com as maneiras pelas quais seu organismo incorpora fisicamente sua visão de mundo, você começará a identificar os padrões de pensamento que deram forma a seu modo de vida. Esses padrões constituem o condicionamento que controla muitas das formas pelas quais você reage ao mundo. Uma vez ciente do papel que o condicionamento representa em sua vida, você poderá adotar medidas conscientes para superá-lo sempre que necessário.

O condicionamento

Nossa mente está repleta de pensamentos e atitudes inconscientes, que nos conduzem ao longo do dia. Pensamos duas vezes, por exemplo, sobre o caminho a tomar ao sair de casa, de manhã? Do mesmo modo, se temos experiência ao volante, não pensamos conscientemente onde estão a embreagem ou o breque, no carro. Simplesmente reagimos automaticamente. Quantas vezes falamos ao telefone enquanto cozinhamos ou fazemos outras coisas? Estamos pré-programados pelo cérebro para continuar fazendo essas coisas. O mesmo se aplica a nosso estado de espírito: podemos ter sido programados para pensar de modo negativo, no presente, por causa de acontecimentos ocorridos há muito tempo, em nossa infância.

Muitos de nós fomos criados em ambientes que não nos estimularam a pensar por conta própria, incitando-nos a olhar externamente em busca de respostas. Talvez tenhamos ficado dependentes demais da opinião dos outros, perdendo assim a confiança no valor de nossas próprias decisões e gradualmente minando a crença em nós mesmos. E, uma vez que acreditamos em algo, podemos ficar tentados a rejeitar qualquer coisa que seja oposta a essa crença e a parar de fazer perguntas sobre nós mesmos. Esse processo é chamado de "condicionamento" e cria os modelos pelos quais restringimos, inconscientemente, nossa vida. Há, no entanto, várias técnicas e exercícios que podemos adotar para desfazer parte desse condicionamento que nos prende. Um deles é simplesmente purificar a mente.

Exercício:
Purifique sua mente

Este exercício foi elaborado para ajudá-lo a atingir um novo patamar de saúde mental, livrando-o do condicionamento e de velhos hábitos negativos, de modo a alcançar uma consciência renovada. Trata-se de um processo, semelhante ao da natureza, de revelar você a si mesmo.

Você irá avaliar de que maneira considera a crença em si mesmo, por meio de respostas detalhadas às questões abaixo. Seja sincero e abandone a autocensura por sentir-se constrangido ou excessivamente autocrítico. Se não souber a resposta a alguma das perguntas, simplesmente tente adivinhar ou escreva "Não sei". Talvez o ato de passar alguns minutos observando seus pensamentos antes de responder possa ter um efeito profundo em sua vida. Leia com atenção as perguntas e não imponha nenhum limite, dando pelo menos três respostas em potencial para cada uma delas. Saiba que a verdade que você descobre é a sua verdade.

1. Que problemas tenho e que julgamentos faço em relação a meu corpo?
2. Que problemas tenho em meus relacionamentos?
3. Que problemas tenho em relação a minhas finanças?
4. Para cada um desses problemas, qual seria a solução ideal?
5. Que problemas tenho encontrado em minha carreira?
6. Que imagem do mundo eu gostaria de ver um dia?
7. No íntimo, eu adoraria...
8. Se fosse mais jovem, eu...
9. Quando tiver mais dinheiro, eu...
10. Se qualquer coisa me fosse permitida, eu...
11. O desejo de meu coração, para mim, é ...
12. O desejo de meu coração, para mim, é conquistar...
13. Meu desejo mais importante a ser realizado, nesta vida, é...

O condicionamento e o anjo interno

Felizmente, nunca estamos completamente à mercê de nosso condicionamento, pois dentro de cada um de nós há um poder superior, que contém todas as respostas de que precisamos. Emanuel Swedenborg chama esse poder de nosso "anjo interior" e diz que, quanto mais "exercitarmos" nosso anjo interior, maior a resposta que receberemos do anjo interior das outras pessoas. Ele ensinou que todos somos, na verdade, "anjos em treinamento" e que estamos aqui na Terra especificamente por causa da intenção divina de elevar-nos ao domínio dos anjos, após a morte.

Swedenborg também afirmou que todos temos a habilidade de entrar em contato com esse nosso lado, a qualquer momento, a fim de descobrir exatamente que tipo de escolhas devem ser feitas em nossa vida. Ainda que, nestes tempos modernos, a maioria de nós esteja ocupada demais com as demandas da vida cotidiana e portanto incapaz de reconhecer a verdadeira orientação do próprio anjo interior, com um pouco de prática poderemos abrir novamente esses canais de comunicação.

Inicialmente, esse processo poderá envolver exercícios que promovem a compreensão de si próprio e uma auto-investigação, mas, uma vez posto em prática, a orientação de nosso anjo interno nos chegará de variadas maneiras. À medida que passamos a nos conhecer e nos sentimos cada vez mais à vontade ao buscar, dentro de nosso coração e nossa mente, as respostas de que precisamos, fica mais fácil reencontrar nossa autoconfiança...

Para começar a se conectar com seu anjo interior, reserve algum tempo para praticar os exercícios deste capítulo. Você pode começar simplesmente repetindo a afirmação abaixo duas vezes, hoje.

AFIRMAÇÃO

Hoje, fui abençoado com o dom da confiança,
e todas as minhas ações têm uma orientação e um objetivo.

Estrela divina

Mudar a sua vida pode ser tão simples quanto mudar a sua mente. Se você optar por acreditar na vida e por ser enriquecido por ela, estará livre para agir na plenitude de cada momento.

De que modo Lynn tornou-se uma estrela

Quando Gary e eu conhecemos Lynn, nós nos lembramos das histórias de Hans Christian Andersen. Consta que Andersen era um homem muito pouco atraente fisicamente, e muitas de suas histórias tinham a intenção de estimular os leitores a olhar além da aparência externa das coisas. Sua famosa história *O patinho feio* é um excelente exemplo dessa filosofia. Tal qual o patinho feio da história, Lynn estava convencida de que não era atraente. Na verdade, sentia tanta vergonha de sua aparência que não tinha sequer coragem para candidatar-se a trabalhos que, em razão de sua qualificação, ela sabia que poderia facilmente desempenhar.

Depois de assistir um dia a um de nossos *workshops* sobre anjos, ela voltou para casa determinada a pedir a ajuda dos anjos. Concentrando-se na afirmação "Minha mente está em total tranqüilidade" e acendendo uma vela, ela meditou sobre o conceito de que a liberdade de pensamento e de ação estava, sim, ao seu alcance – se ela confiasse em seus anjos, sua liberdade pessoal naturalmente apareceria.

No dia seguinte, Lynn recebeu um telefonema. Ela se surpreendeu: era uma mulher que conhecera no *workshop*. Durante o almoço, as duas haviam partilhado seu entusiasmo pelo mundo do *design* de interiores. Impressionada com as qualificações de Lynn naquela especialidade, a mulher estava ligando para perguntar se teria interesse numa entrevista para uma vaga em sua própria empresa de *design*. Lynn mal tinha percebido que a conversa durante o almoço levara a essa conseqüência.

Pouco tempo depois, Lynn viu-se trabalhando para a nova amiga, feliz e segura, com boas perspectivas de promoção e uma oportunidade maravilhosa para seu talento. Agora que a crença em si mesma tinha se restabelecido totalmente, a felicidade permitiu que sua beleza se irradiasse, e ela transformou-se verdadeiramente em um cisne!

"Os anjos são hoje, decididamente, parte de meus pensamentos diários, e nunca me deito sem agradecer a Deus por seus mensageiros angelicais, que apareceram em minha vida quando eu mais precisei deles", confessa Lynn.

Ilumine o amanhã com o dia de hoje!

Elizabeth Barrett Browning

Poetisa (1806-61)

Dica especial do anjo

O universo sempre nos apoiará quando nos comprometermos com uma certeza e uma confiança ilimitadas. Então, dentro de nós, encontraremos os recursos de que precisamos para passar a um campo de ação mais abrangente.

Sintonia com o universo

As crenças criam uma ligação de causa e efeito entre você e o universo. Toda vez que algo não funciona da maneira como gostaria ou você se sente tomado pela dúvida ou impossibilitado de prosseguir, talvez se veja tentado a desistir. É exatamente nesse momento que mais precisa perceber que os anjos estão sempre com você, oferecendo uma orientação que revela compaixão e também o apoio de que precisa. Você terá sempre o apoio dos anjos e realizará o objetivo de sua vida de formas que mal consegue imaginar. Se você se lembrar disso, ficará muito mais fácil sentir-se otimista em relação às situações de sua vida, por mais difíceis que possam parecer, e esperar que boas coisas lhe aconteçam. O universo lhe parecerá um lugar muito mais amistoso.

A meditação é uma forma de entrar em sintonia com o domínio dos anjos e, acredite ou não, qualquer um é capaz de fazer isso. Como você poderá descobrir nas meditações deste livro, tudo de que precisa é um pouco de força de vontade e um momento de calma que o ajudará a concentrar-se.

> *A meditação é um momento de tranqüilidade em que se livra a mente de seu apego ao frenesi de um mundo delirante. É um instante de silêncio no qual o espírito de Deus pode entrar em nosso interior e operar sua alquimia divina em nós.*
>
> MARIANNE WILLIAMSON
>
> ATIVISTA ESPIRITUAL, ESCRITORA E PALESTRANTE

Meditação

O anjo da crença em si mesmo

As crenças são as formas de pensamento através das quais criamos e interpretamos a realidade, além de interagirmos com ela. Use esta meditação para sintonizar-se com o apoio do universo, empenhando-se na crença de que os anjos estão esperando para ajudá-lo, indo além, desse modo, de todas as expectativas que você possa ter.

Feche a porta, desligue o telefone, certifique-se de que não será interrompido pelos próximos 20 minutos.

- Acenda uma vela dourada ou uma vela simples. Assegure-se de que ela foi colocada num lugar seguro, sem o risco de colocar fogo em nada que esteja perto!
- Sente-se confortavelmente em frente à vela, de modo a poder concentrar o olhar em sua chama.
- Coloque as mãos relaxadamente no colo.
- Feche os olhos e visualize uma nuvem de energia dourada envolvendo seu corpo.
- Abra sua mente e seu coração e dê boas-vindas ao anjo da crença em si mesmo.
- Repita silenciosamente, enquanto medita:

Hoje, estou envolvido pelo amor do universo
e tenho o apoio de meus anjos. Estou fazendo a escolha
consciente de seguir em frente, com fé,
em vez de retroceder, com medo.

- Sinta que cada respiração traz mais energia e mais vitalidade a sua vida.
- Quando estiver pronto, agradeça a seus anjos e deixe-se emergir até a consciência do mundo externo.

Afirmação

Hoje, faço uso da percepção da sabedoria
atemporal para iluminar meu caminho,
à medida que exploro meu verdadeiro eu.

Exercício
Crie um símbolo de crença em si mesmo

Além da meditação, existem outras ferramentas que você pode utilizar, toda vez que precisar de seus recursos interiores. Este exercício, em particular, foi elaborado para ajudá-lo a conectar-se com o sentimento de força e de que está no comando, sempre que sua confiança estiver abalada.

Você precisará de:

Uma caneta e papel
Um pequeno objeto, cuidadosamente escolhido, tal como uma pedra, um pedaço de cristal amarelo ou uma concha do mar.

- Faça uma lista de dez situações em que você sentiu orgulho de si mesmo. Sua lista final poderá incluir qualquer coisa, como a bem-sucedida apresentação de ontem ou ter chegado em segundo lugar na corrida com o ovo equilibrado sobre a colher, quando era criança. Não importa se sua conquista recebeu elogios de alguém: o que interessa é que ela fez que você se sentisse bem consigo mesmo.
- Respire fundo algumas vezes. Pegue seu objeto e manuseie-o entre os dedos e sobre as palmas das mãos. Continue a segurar seu objeto enquanto lê, lentamente, a lista que preparou, nos dez minutos seguintes. Permita-se revisitar todas aquelas sensações que teve nas situações em que se sentiu orgulhoso de si mesmo. Se um pensamento negativo vier à mente, simplesmente deixe-o passar e volte a focar

sua atenção em emoções positivas. Quando tiver lido sua lista quatro ou cinco vezes, largue o objeto. Ele é, agora, o símbolo da crença em si mesmo.

- Coloque o objeto em seu bolso ou sua bolsa. Cada vez que tocar nele, lembre-se de todas as situações em que conquistou algo de que se orgulha. Com seu símbolo à mão, peça a seu anjo que o conduza por novas experiências e desafios.
- E não desespere se perder o objeto-símbolo escolhido – você não perderá sua ligação com os anjos. Simplesmente escolha um objeto novo e repita o exercício acima.

A vida produz vida, energia cria energia.
É somente doando de si que alguém pode tornar-se rico.

Sarah Bernhardt
Atriz francesa (1844-1923)

Estrelas, anjos e comichões!

Os anjos deram a Janice um símbolo especial de sua presença quando ela mais precisava disso.

A mudança de casa seria uma reviravolta completa para Janice, mas o estado frágil de saúde de sua mãe já idosa, que vivia a milhares de quilômetros dali com sua irmã mais nova, a pressionava ainda mais. Havia algum tempo Janice se preocupava com a situação. O arranjo tinha sido originalmente uma bênção, mas sua irmã tinha, agora, uma família, e estava ficando cada vez mais difícil para ela lidar com a doença da mãe, que só fazia se agravar. Como Janice vivia em um estado do sul dos EUA, só via a mãe de vez em quando. Então, decidiu mudar-se para mais perto da mãe para dividir as responsabilidades de cuidar dela. Embora isso significasse vender sua casa e deixar os amigos e a comunidade da qual ela se sentia parte, Janice sabia que desejava ajudar, nessa fase difícil da vida da mãe.

A mudança já tinha acontecido e, uma noite, Janice estava sentada no jardim da casa de sua irmã, olhando para o céu e perguntando-se se realmente teria energia para a tarefa à sua frente. As duas irmãs comentaram a beleza do céu naquela noite, com suas estrelas brilhantes e uma lua enorme e redonda. De repente, ambas tiveram um sobressalto: no meio das estrelas apareceu um conjunto de nuvens que adquiriu a forma de dois anjos enormes. Eram tão claras e perfeitas as formas desses anjos, que as irmãs dizem ter sentido "comichões". Um sentimento intenso de crença em si mesma tomou conta de Janice, e ela então teve a certeza de que conseguiria enfrentar o futuro, com os anjos cuidando dela.

Penso que, aonde quer que sua estrada o leve,
Haverá novos deuses esperando por você
Com paciência divina – e com risos.

SUSAN M. WATKINS
ESCRITORA

Estrela divina

A cada dia, repita a afirmação, antes de sair de casa. Tenha a certeza de que o dia conterá os anjos e os raios de sol, mesmo que esteja chovendo!

AFIRMAÇÃO

Hoje, reafirmo meu poder de escolher a direção
que minha vida tomará e de celebrá-la.
Concentro minha mente nos aspectos positivos da vida.

Que imagem você faz de si mesmo, hoje?

Consideramos, anteriormente, o delicado problema do condicionamento e como ele pode limitar nossa vida. O mesmo se aplica à forma como julgamos a nós mesmos, em relação aos outros. Sempre haverá aqueles que parecem mais atraentes ou mais inteligentes que nós, pessoas que têm carros ou casas maiores. Haverá aqueles que estudaram em escolas de maior prestígio e que aparentemente ganham mais dinheiro em um ano do que esperaríamos ganhar em uma vida inteira. Aos nossos olhos, eles talvez tenham parceiros atraentes, filhos brilhantes e amigos estimulantes. No entanto, eles também têm dores e mágoas secretas, preocupações e, acredite ou não, também passam, de tempos em tempos, pela experiência de duvidar de si mesmos.

Portanto, é hora de parar de julgar-se em relação aos outros. Afinal, tudo é relativo. Comece a considerar suas próprias bênçãos. Como já vimos, você tem uma ferramenta poderosa: sua mente. É chegada a hora de utilizar esse poder, saber que você pode mudar sua vida para sempre. Uma atitude mental positiva garantirá o seu sucesso. Assim, considere o que realmente importa em sua vida e concentre-se nisso.

Se a linguagem de seu corpo é negativa e se você emite as vibrações de que é um dos perdedores na vida, é provável que os outros também o olhem desse modo. As pessoas interpretarão a linguagem de seu corpo e seu comportamento muito antes de começar a conversar com você.

Por outro lado, uma linguagem corporal confiante passará imediatamente uma impressão favorável. Portanto, mantenha a postura ereta e olhe para si mesmo nos olhos, no espelho, de manhã. Diga a si mesmo que tem um dia completamente novo à sua espera, uma tela preta sobre a qual escreverá sua própria história pessoal. Dê um grande sorriso para si mesmo e saia para enfrentar o mundo, sabendo que seu anjo sempre o acompanhará.

É grande a sua beleza, não importa o que sua mente esteja lhe dizendo. Isso é fato. Se você estiver ciente de sua própria beleza e aceitá-la, a opinião dos outros não o afetará minimamente.

DON MIGUEL RUIZ
XAMÃ TOLTECA E ESCRITOR

Dica especial do anjo

Folheie algumas revistas e jornais e abra sua mente e seu coração para a crença de que a vida está cheia de coisas maravilhosas e positivas. Que fotografias chamam sua atenção? Alguma delas ilustra suas próprias esperanças, desejos e ambições? Recorte algumas delas e coloque-as num lugar onde possa olhá-las a cada manhã, para que possam lembrar-lhe quanto você pode ser otimista e poderoso.

Sim, você é perfeito!

Nossas idéias e pensamentos freqüentemente criam nossa realidade, pois damos poderes a eles. Você tem se apegado a dúvidas e a medos, em relação ao futuro? Tais sentimentos negativos foram todos produzidos em sua mente. Você é perfeito exatamente do jeito que é.

A beleza e a sabedoria são próprias de cada um de nós. Embora a beleza convencional talvez não seja extremamente evidente e a sabedoria convencional não seja abundante em nossa vida, temos nossa própria beleza e nossa própria sabedoria, que devem ser reverenciadas. Nenhum tipo de rótulo poderá ser colado a você, pois você é único.

Você tem uma essência e uma consciência que são invisíveis, e com as quais pode ter maior sintonia. Pare um instante e ouça o seu coração e a sua alma. O que deseja obter hoje? O que deseja criar? Se começar a prestar atenção ao espírito dentro de si e fizer um esforço para manter as mais altas vibrações em sua vida, você começará a ver os resultados. Ouse ser grandioso - você tem a energia e o apoio para conquistar a magnitude, tudo o que tem de fazer é pedir. O universo tem tudo de que você precisa e os seus anjos irão se certificar de que você o receba, se souber acolhê-los em sua vida.

A sabedoria não contém inteligência. Ela é pura e simples e, no momento em que é praticada, os resultados ficam evidentes.

O TAO DA MATERNIDADE

Estrela divina

Você se sente como se vivesse dentro de uma panela de pressão? Em geral, são tantas as expectativas colocadas em nossas costas, que a vida parece ser uma eterna competição entre nós e os outros. E, nos momentos em que perdemos, pensamentos de insuficiência tomam conta de nossa mente, a crença em nós mesmos se esvai e talvez fiquemos sem saber qual caminho tomar. Contudo, a ajuda pode estar mais perto do que você imagina. Acredite em seu anjo e seu começo será excelente!

O que aconteceria se isso simplesmente não fosse feito? Se a resposta for "nada aconteceria", então a conclusão óbvia é que se deve parar de fazer isso. É impressionante a quantidade de coisas feitas pelas pessoas que não fariam a menor falta caso fossem abandonadas.

Peter Drucker

Consultor empresarial e escritor (1909-2005)

Valorize as boas coisas

Mude o seu foco, distanciando-o do que é errado ou daquilo que o incomoda. Passe a prestar maior atenção, conscientemente, nas coisas boas da vida. Por exemplo, se alguém lhe faz um elogio, em vez de descartá-lo imediatamente, receba-o elegantemente, agradecendo por ele, sabendo que foi feito com um espírito de reconhecimento honesto.

Seu corpo e sua mente estão inseparavelmente ligados. Se você se cuidar fisicamente, vai se sentir bem. E, se você se sentir bem fisicamente, a conseqüência é que perceberá a si mesmo de modo mais positivo, mentalmente. Preste atenção em seu bem-estar psíquico, e não nas dores. Comece realizando pequenas mudanças, talvez alimentando-se de forma mais saudável, fazendo mais exercícios e encontrando tempo para o repouso adequado e para o descanso. Mesmo que de início apenas troque a barra de chocolate diária por uma maçã e por uma caminhada diária, o aumento dos níveis de endorfina que virá com essa mudança, com o seu "fator de bem-estar", logo aparecerá. A saúde mental e a física estão interligadas; cuidando de seu corpo, você começará a sentir-se renovado em todos os aspectos da vida.

Visualize a si mesmo do modo que gostaria de ser e como gostaria que os outros o vissem. Agora, mantenha essa imagem na mente e saiba que ela pode ser alcançada. Se você se vir rodeado por pessoas que resmungam e se queixam o tempo todo, comece a estabelecer amizade com outras que têm uma visão de mundo positiva, e que tratam você com respeito.

Dica especial do anjo

A oportunidade de experimentar algo novo é criada em sua mente. Portanto, use a mente para livrar-se do passado e apegue-se a algo novo e incrível agora mesmo. Perceba que existe uma lei universal do bem, que governa a vida. Tenha clareza quanto à maneira como seus pensamentos e seu comportamento ganham forma, no mundo ao seu redor.

Prepare-se para a mudança

O passado já se foi, só nos resta o hoje. Talvez tenhamos de fazer um esforço concentrado para ter uma postura menos negativa perante a vida e para superar o condicionamento, mas, com esforço e determinação, podemos nos libertar de emoções e sentimentos que nos prendem. Temos controle sobre nosso destino.

Com bastante freqüência, surge a tentação de ficar culpando o ambiente que nos cerca, nossa família e até nossos ancestrais, mas isso funciona por tempo determinado. No final das contas, cabe a nós próprios mudar aquilo que nos torna infelizes, em nossa vida.

Comece hoje, na certeza de que a vida pode ser compensadora. Abra a mente e o coração à crença de que a vida pode ser e será plena de maravilhosas coisas positivas, tanto para você quanto para aqueles que você ama.

Estabeleça prioridades, identifique um objetivo específico, concentre-se nisso, e o resto virá. Faça que seu mantra seja: *o que eu pensar se tornará realidade*. Se verdadeiramente acreditar que pode fazer algo, você o fará!

Tudo o que somos é resultado daquilo que pensamos.

BUDA

Exercício
Crie um "Diário do anjo"

Muitas pessoas consideram que registrar suas impressões num diário realmente as ajuda a dar um sentido a sua vida. Escrever seus pensamentos e sentimentos diariamente lhe dirá muito a respeito de si mesmo, o que lhe dará uma compreensão maior das razões por que se comporta de determinadas maneiras ou acolhe certos padrões de pensamento.

Em seu diário, escreva cinco frases, respondendo às seguintes afirmações e sugestões:

Em minha vida, desejo mudar...
Em minha vida, desejo conquistar...
Sei que sou forte o suficiente para...
Eliminarei o pensamento negativo em todos os momentos...
Minhas bênçãos serão...
Pedirei ajuda a meus anjos se necessário...

Use seu diário para registrar acontecimentos cotidianos e fatos incomuns que possam indicar a presença de anjos em sua vida. Use-o, também, para anotar as respostas aos exercícios propostos neste livro.

Os primeiros passos em direção ao poder

O acreditar e o receber caminham de mãos dadas. Ambos têm origem na mesma centelha de luz incutida em nós, no momento de nossa criação. Começamos a viagem de nossa vida amando somente aquelas pessoas mais próximas, mas esperamos terminar a viagem amando uma grande parcela do mundo todo! Se tivermos a coragem de segui-los até seu destino final, nossos caminhos na vida nos guiarão até um conhecimento maior, uma confiança mais profunda e um amor maior, até que alcancemos um ponto na sabedoria em que tudo simplesmente flui.

Assuma o controle de sua vida. Não se esconda atrás de um emprego ou de outra pessoa. Tome todas as coisas como uma lição a ser aprendida. Descubra o que exatamente quer de sua vida, pois todos precisamos de clareza antes de tomar decisões. Considere as escolhas à sua frente e tenha uma atitude positiva em relação a essas opções. Quanto maior sua confiança nos sentimentos e na intuição, com mais evidência os resultados aparecerão em sua vida.

No final, você terá consciência da distinção entre a orientação interior e o seu próprio sistema de julgamentos. Os pensamentos são, na verdade, energia, e a energia é magnética. Assim, quanto mais positivo for o pensamento, mais positiva será a energia que ele atrairá! Pensamentos felizes atraem pessoas felizes – é simples assim.

Estrela divina

Acredite que a luz do amor surgirá em sua vida através das outras pessoas; basta que você permita que isso aconteça. Se amarmos a nós mesmos, amaremos os outros e confiaremos neles. Assim, seremos atraídos em direção às pessoas que amam e que confiam e, desse modo, poderemos criar um fluxo e uma troca de amor.

Exercício
Entre em contato com seu anjo interior

A crença em si mesmo é uma qualidade que desenvolvemos à medida que ganhamos sabedoria, ao longo da vida. Falamos, anteriormente, da teoria de Swedenborg sobre nosso "anjo interior". Ele pode se comunicar conosco de muitas maneiras diferentes. Não necessariamente na forma de uma voz que nos guia, mas através de um sentimento, de uma visão ou mesmo de uma fragrância. Podemos ter acesso a esse poder para obter as informações de que precisamos para fazer escolhas. Aqui estão quatro maneiras de propiciar essa comunicação.

- Sente-se sozinho em um lugar em que não haja interrupções.
- Acolha seus guias angelicais, pedindo a eles que estejam com você. Procure perceber qualquer sensação nova que apareça em seu corpo.
- Abra sua mente para receber mensagens, simplesmente ouça.
- Relaxe, esquecendo as distrações cotidianas e abrindo-se a qualquer tipo de comunicação que seu anjo interior queira estabelecer com você.

Os anjos acima e embaixo

Ajudar o próximo é uma maneira maravilhosa e sábia de aguçar as percepções e desenvolver a crença em si mesmo. Um bom amigo pode ser um conselheiro, alguém com quem se pode conversar sobre nossas inseguranças e medos. E um amigo em quem confiamos pode muito bem ter seus problemas para desabafar – portanto, o apoio é mútuo.

Seja gentil, sabendo que uma boa ação jamais é esquecida, não somente pela pessoa a quem você ajudou, mas pelo universo. O que doamos volta para nós; algumas vezes isso acontece logo depois, outras, após vários anos, mas sempre há uma retribuição.

Exercício

Confeccione os seus próprios cartões de anjos

Há momentos em que é especialmente confortante saber que fazemos parte de um mesmo universo acolhedor e atencioso. Se você confeccionar os seus próprios cartões de anjos, poderá fazer uso deles toda vez que quiser ser lembrado da presença deles em sua vida.

Você precisará de:

Caneta e papel
Duas folhas de papel-cartão
Tesoura
Canetas coloridas
Material decorativo, como purpurina, pequenas contas, penas etc.

Existem muitos conjuntos de cartões de anjos à venda, no comércio. Mas, se você fizer os seus próprios cartões, isso será muito mais especial. Sente-se e pense em dez virtudes que você tenha, ou então que gostaria de ter, tais como "felicidade", "sabedoria", "coragem", "espontaneidade" etc. Faça uma lista de tais virtudes. Ao lado de cada uma delas, escreva o nome de uma cor (ou de cores) que, em sua opinião, combina com essas virtudes.

- Corte dez tiras de papel-cartão. Elas devem ter aproximadamente o mesmo tamanho, cerca de 6 centímetros de comprimento por 2 centímetros de largura.
- Em cada tira, escreva uma das virtudes de sua lista. Use a caneta colorida que escolheu para a virtude correspondente. Deixe espaço ao lado da palavra, de modo a poder adicionar um desenho.
- Desenhe um pequeno anjo no espaço após a palavra. Tente fazer que ele seja um reflexo da virtude escolhida, se possível. Por exemplo, se a palavra escolhida for "felicidade", seu anjo poderá ser desenhado com uma caneta amarela, com um largo sorriso, e salpicado de purpurina dourada.
- Deixe os cartões em um lugar em que você possa buscá-los toda vez que sentir necessidade de inspiração. Ou, então,

você poderá usá-los sempre que quiser meditar sobre uma virtude em particular. Sinta-se à vontade para criar mais cartões, à medida que for se lembrando de mais virtudes que gostaria de ter em sua vida!

Hoje é o primeiro dia...

A vida que vivemos é parecida com a trama de um cobertor: todos os acontecimentos, pessoas e situações fazem parte do desenho. A riqueza desse desenho dependerá de nós, individualmente. Por exemplo, estamos indo atrás da vida, ou é ela que está nos seguindo? Estamos fazendo as coisas acontecer ou esperando que elas aconteçam?

Todos conhecem a expressão "hoje é o primeiro dia do resto de sua vida". Temos, agora, a oportunidade perfeita de criar a vida que queremos. Não precisamos nos conformar com o que temos, se isso está nos fazendo infelizes. Podemos, todos, criar as mudanças que estamos buscando.

Dê permissão a si mesmo para viver a vida com plenitude, realize seu potencial e voe! Talvez você esteja enfrentando problemas financeiros, talvez seus relacionamentos nunca pareçam dar certo. Ou então você está com problemas de saúde ou simplesmente tem medo da vida, em si. Seja o que for que está lhe impondo limites, faça deste dia aquele em que você liberará o medo e não será influenciado pelos outros. Escolha aquilo que você mais deseja e peça isso, na certeza de que o universo é um lugar acolhedor, no qual todos encontramos apoio, em formas que jamais imaginamos. Você já tem todo o poder de que precisa dentro de si. Ele somente precisa ser explorado, e você ficará maravilhado com sua profundidade. Permita-se viver e ser feliz!

Destaques a ponderar

Dou destaque àquilo que é positivo.
Dou prioridade a meus objetivos na vida.
Arrisco-me mais na vida do dia-a-dia.
Farei uma coisa nova a cada mês.
Perdôo a mim mesmo quando fracasso.
Estou aberto a novas oportunidades.

2

A estrela da harmonia

A descoberta do equilíbrio

A harmonia é uma qualidade importante mas muitas vezes fugidia em nossa vida. A maior parte de nós anseia por uma existência mais harmoniosa, equilibrada, na qual o trabalho e o lazer, os confortos de casa e a natureza, a necessidade de ter amigos, família e o tempo para nós mesmos combinem-se em um conjunto perfeito, sem atritos ou discórdia. Nada é fácil assim, no entanto.

Felizmente, existem algumas maneiras simples de criar uma harmonia maior em nossa vida. As práticas e os exercícios deste capítulo têm o objetivo de trazer tranqüilidade e clareza a sua vida, para que seus diversos aspectos comecem a encaixar-se.

Como você verá, às vezes são necessários somente pequenos ajustes para alcançar um estilo de vida mais harmonioso.

> *Você é um elo da corrente de luz que é o universo propriamente dito. Portanto, você é na verdade uma parte de Deus.*
>
> KRYON

Dica especial do anjo

Comece com uma atitude muito simples. Olhe para fora da janela, todos os dias, e observe o que vê. Se aprender a inspirar-se na natureza que o cerca, você será alimentado pela própria natureza.

Harmonia natural

As pessoas que vivem em contato com a terra ou cujo trabalho depende dela freqüentemente vivem em harmonia com a natureza, uma experiência pela qual os habitantes da cidade raramente passam. Elas têm um respeito e uma admiração particulares pelos elementos. Situações como ser apanhado fora de casa por uma tempestade ou ser queimado pelo sol de verão lembram-nos da fragilidade da vida e quão rapidamente as estações passam. Apesar das dificuldades da vida em contato estreito com a natureza, uma existência como essa também oferece muitas oportunidades de encantamento e de descobertas.

Certa ocasião conhecemos um homem que afirmou que jamais poderia viver em algum lugar que não fosse rodeado por colinas verdes e grandes áreas abertas. Esse homem era felizardo o bastante para poder morar em tal lugar. No entanto, há muitos habitantes das cidades para quem esse estilo de vida simplesmente não se apresenta como opção, embora talvez eles tampouco desejassem ter a harmonia dessas colinas. Nós, seres urbanos, com freqüência temos de fazer um esforço muito maior para permitir que a harmonia da natureza e nossa vida diária combinem.

Se você não pode ir ao campo, por que não trazê-lo até você? Embora possa ser inviável fazer longas caminhadas diárias em um ambiente rural, é essencial garantir a existência de um espaço pessoal, com a disponibilidade de tempo suficiente, pois isso nos permite nos conectarmos com nossos pensamentos e sentimentos. Para a inspiração natural, coloque um pedaço de madeira na lareira ou uma coleção de pinhas em um prato decorativo. Talvez isso possa trazer a natureza para mais perto de você.

Existe um tempo para todas as coisas, e uma estação para cada atividade debaixo dos céus.

ECLESIASTES 3:1

Estrela divina

Reserve um momento para sentar-se sozinho ao ar livre, numa noite de verão. Você visitará um mundo diferente. Há mágica suficiente lá fora para que nós todos preenchamos nossa alma com a harmonia natural.

O maravilhamento

Para poder encontrar uma harmonia maior com a natureza, e nossa profunda ligação com ela, talvez tenhamos de redespertar as sensações de maravilhamento infantis que se encontram em nossas profundezas. A ligação entre as crianças e a natureza é forte em muitas culturas, como por exemplo a do Haiti, onde se acredita que as árvores protegem as crianças e são consideradas seus anjos da guarda. Na próxima vez que você for ao litoral, observe o olhar de deleite e de admiração no rosto das crianças, quando encontram alguma criatura marinha. Na praia, elas colecionam conchas e pedras, apreciando sua beleza de um modo que muitos adultos não mais conseguem fazer.

Infelizmente, com a passagem dos anos, tendemos a esquecer o envolvimento com o ambiente que nos rodeia. Em muitas áreas de nossa vida, "desaprendemos" muitos aspectos do maravilhamento que automaticamente sentíamos quando crianças. Para redespertar sua criança interior, dê tempo a si mesmo de presente e permita-se um dia no campo ou no litoral. Ali, faça uma pausa para absorver a energia que vem da natureza.

O período de férias freqüentemente proporciona uma pausa em meio à rotina, possibilitando-nos recuperar as maravilhosas sensações que tivemos na infância e reviver a proximidade que um dia tivemos em relação à natureza. Ao nos maravilharmos com as pequeninas coisas que o mundo natural nos oferece, nosso coração será preenchido com a harmonia, e a vida voltará a ganhar equilíbrio. Portanto, encontre tempo para simplesmente parar e ficar contemplando a simples beleza do mar ou do céu. As emoções provocadas por um lindo pôr-do-sol, pelo mar ou pelo arco-íris podem colocar suas preocupações diárias em uma perspectiva diferente.

Não é emocionalmente saudável permanecer voltado somente para o plano intelectual, desconsiderando o elemento espiritual da natureza ao nosso redor. A maioria de nós conhece, teoricamente, as manifestações de cada estação, os ciclos de floração das plantas, a época de algumas frutas, mas talvez não apreciemos a verdadeira extensão da união entre os planos espiritual e natural.

... pois aprendi
a olhar para a natureza não como o tempo
da juventude impensada, mas ouvindo, com freqüência,
a ainda triste melodia da humanidade,
nem severa nem desagradável, embora com amplos poderes
de disciplinar e subjugar. E senti
uma presença que me impacta com o júbilo
de pensamentos elevados...

William Wordsworth
Poeta (1770-1850)

Exercício
Receita de uma mágica

Você já teve alguma experiência que envolvesse mágica com árvores? Este breve exercício poderá lhe trazer uma sensação de harmonia com a natureza que você jamais julgou existir. As instruções e os ingredientes são simples: você precisará de um dia quente de verão e um céu muito azul. Estenda um lençol sob uma grande árvore. Deite de barriga para cima e fixe seu olhar entre as folhas. Levará pouco tempo para que você fique admirado e cheio de espanto e encantamento com tamanha beleza.

Da mesma forma, observar cachoeiras e buscar o fim do arco-íris sempre proporcionam uma sensação de harmonia interna.

Escrito na pedra

Entusiasmada amante da natureza, Rebecca recebeu uma mensagem angelical que lhe chegou de uma maneira particularmente apropriada.

O dia tinha sido um temporal, para ela. Em todos os sentidos. Suas finanças estavam em permanente estado precário e não havia sinal de melhora no horizonte. Seu emprego, relativamente recente, no qual ela depositara grandes esperanças, estava se mostrando extremamente tedioso. No entanto, como ela morava em uma pequena cidade litorânea, os empregos eram escassos e Rebecca sabia que tinha muito poucas chances de mudança, nesse aspecto. Sua vida pessoal também se revelava desanimadora: tendo terminado um relacionamento recente, sentiu, no íntimo, que ficaria sozinha para sempre.

O clima no apertado escritório estivera desconfortável e hostil naquele dia, e ela se via contando as horas para voltar para casa. O céu carregado contribuía para seu mau humor. Finalmente, bateu cinco horas, e ela pôde partir.

Num impulso, pegou o casaco e saiu em direção à praia, sentindo, instintivamente, a necessidade de ar fresco, tanto física quanto mentalmente. Era início de primavera e o ar estava um pouco gelado.

Pelo menos, no entanto, o céu estava azul, a tempestade do dia tinha passado. O sol brilhava, agora. Caminhando pela praia, Rebecca começou a sentir sua melancolia desaparecer. Pessoas sorridentes a cumprimentavam ao passar com seus cães, crianças corriam na areia, cheias de energia e rindo. A natureza, em toda a sua beleza, tocou seu coração, e ela se viu apanhando uma concha ou uma pedra, aqui e ali, e colocando-as no bolso. Quando finalmente entrou em casa, foi tomada por um calor confortante, ao perceber como a natureza tinha lhe trazido o equilíbrio restaurador de que ela tanto precisava.

Tirou as conchas e pedras dos bolsos do casaco e colocou-as sobre a mesa da cozinha. Então, teve a atenção chamada para uma pedra em especial. Tinha alguns centímetros de largura e era achatada. Rebecca observou-a e notou que tinha uma série de linhas em sua superfície. Teve de segurar a respiração: clara como o dia, notou ali a forma de um anjo delineada sobre a pedra: uma tênue linha compunha a cabeça, o corpo e as asas, em contraste com o cinza escuro ao redor.

De imediato, Rebecca percebeu que aquele era um sinal de que seu anjo se comunicava com ela, através da natureza. Dizendo "obrigado" em voz alta, ela sentiu que as coisas melhorariam se ela confiasse em seu anjo. E temos a satisfação de dizer que isso realmente aconteceu.

Levanto-me hoje,
através da força dos céus,
da luz do sol,
do brilho da lua,
do esplendor do fogo,
da velocidade do raio,
da rapidez do vento,
da profundeza do mar
da estabilidade da Terra
da firmeza da rocha.

Declaração celta

Dica especial do anjo

Olhe ao redor. O que você vê? De que forma as coisas que o cercam refletem seu estado interior? O que você pode fazer para tornar seu ambiente mais harmonioso?

Como as cores afetam nossa vida

O arco-íris, com suas sete cores, é um dos símbolos mais poderosos de harmonia da natureza. A sabedoria antiga ensina que cada cor do arco-íris se relaciona com a mente e o corpo de alguma forma – o roxo se vincula com o plano espiritual e o vermelho com o físico. De maneira semelhante, a ciência moderna descobriu que as cores afetam profundamente nossas emoções, e que o amarelo é a cor que mais tende a afetar nosso humor.

Aparentemente, o cérebro não consegue distinguir entre o amarelo do raio de sol e o de uma pintura alegre. Como o amarelo eleva os níveis de serotonina (o fator do bem-estar), parece ser uma boa idéia ter essa cor dando-lhe bom-dia logo ao amanhecer.

O amarelo misturado ao vermelho resulta no laranja, uma cor terrosa cujo nome vem do sânscrito. É a cor da Igreja dos primórdios e simboliza a fecundidade. O laranja é ligado à terra e ajudará a criar uma sensação de maior maturidade.

Se seu dia-a-dia, no entanto, inclui o estudo e a atividade intelectual, pinte o seu escritório de verde. Essa cor reflete a influência tranqüila da natureza e é a mais comumente escolhida em ambientes que podem causar algum estresse, tais como hospitais e clínicas de dentistas. Da mesma maneira, o azul faz reduzir a pressão sanguínea e estimulará um ambiente de reflexão.

O vermelho, no entanto, faz aumentar a pressão sanguínea, o que faz que não se recomende o excesso dessa cor em casa. Pinceladas de vermelho podem ser energizantes – restaurantes *fast food* normalmente fazem uso do vermelho, pois sua intenção é levar as pessoas a se levantar e ir embora rápido! O vermelho produz agitação e inquietação.

Pequenos ajustes na paleta de cores ao seu redor podem ajudálo em sua busca de harmonia.

Estrela divina

Pare um momento e considere a influência das cores ou de sua falta em sua vida; ter cores ao seu lado pode fazer toda a diferença. Assim, por que não descartar o marrom, o preto e o bege e cercar-se de tons fortes de azul, vermelho e laranja, só para variar?

O quadro de Patsy

Extremamente talentosa, Patsy se destaca como artista, ilustradora, escritora e escultora. Em anos recentes, voltou-se para os anjos em busca de inspiração. Essa mudança de direção redundou num dos mais lindos trabalhos com anjos. São os livros infantis de Patsy, imensamente populares, que contêm mensagens ecológicas. Eles foram escritos numa época em que Patsy tinha uma família que lhe exigia muito. Curiosamente, vários eventos e sinais fazem a ligação daquele período com o atual: naquela época, ela ganhou de uma amiga com dotes de mediunidade e clarividência um texto gravado em fita. Entre outras coisas, sua amiga disse a Patsy que aquele não era o momento de expandir seu trabalho artístico, mas que esse tempo chegaria.

O texto também confirmou que Patsy era muito próxima a uma avó em particular, o que pode soar estranho, considerando que essa avó morrera antes mesmo de Patsy nascer. No entanto, isso realmente aconteceu. Um lindo quadro da avó de Patsy, Sophia, sempre foi o destaque na ante-sala da casa da família, na infância de Patsy, período em que ela se sentiu atraída por esse retrato. Conversar com o quadro lhe trazia conforto e confiança, acompanhados pela sensação de que sua avó a ouvia.

Mais ligações com o passado apareceram num dia de outono de 2006, quando Patsy estava doente, de cama. Tom, marido de Patsy, presenteou-a com um exemplar de nosso livro recém-publicado, *Angel Awakenings* [Despertares de anjos], que chamou sua atenção. O livro caiu aberto, numa página que relatava a história de um jovem que visitara a casa de uma avó recém-falecida. Além de ter visto o rosto de um anjo na janela de cima de sua casa, ele tinha sentido o cheiro da mais deliciosa fragrância, ao entrar no quarto.

Ao ler isso, Patsy percebeu que fazia muito tempo que não "conversava" com a avó, no retrato. Impulsivamente, dirigiu-se ao quadro e falou com ela sobre acontecimentos recentes. Isso lhe trouxe tamanha tranqüilidade e paz que, apesar de sua doença, ela se sentiu animada. Foi então que aconteceu – o quarto ficou repleto da mais incrível fragrância, algo que Patsy nunca havia sentido antes. Não se tratava de um perfume material, isso era certo.

Um pouco mais tarde, Patsy pôs novamente para tocar a fita que sua amiga clarividente lhe dera anos antes. Puro espanto é a melhor expressão para a reação que teve, ouvindo as palavras pronunciadas havia tanto tempo. Muitas coisas estavam acontecendo como previsto: o trabalho de Patsy estava sendo bem-sucedido e os rumos de sua carreira mudavam rapidamente, à medida que novos projetos evoluíam. Sinais, sensações e pessoas incorporavam-se à sua vida, como fora previsto. De fato, tudo se juntava em perfeita harmonia!

Exercício
O registro de sinais angelicais

Você talvez se surpreenda com a quantidade de sinais, símbolos e sincronicidades existentes em sua vida, neste momento. Para descobrir de que modo os anjos estão tentando comunicar-se com você, comece a observar, com regularidade, o mundo ao seu redor, e escreva suas impressões em um "Diário do anjo". Faça anotações sobre os seguintes assuntos:

1. O tempo e o céu. Inclua observações sobre as nuvens, as estrelas, o sol e as fases da lua, os ciclos da chuva e do vento. Registre também o seu humor e pensamentos sobre o comportamento das pessoas ao seu redor. Os seus sentimentos e o humor de seus amigos, familiares e colegas parecem ligados, de alguma forma, ao tempo e ao céu, sempre em mudança?
2. Natureza. Que plantas estão crescendo ou morrendo? O que andam fazendo os pássaros, outros animais e insetos? O que você consegue ver, a cada dia, de sua janela de casa ou do local de trabalho?
3. Coincidências e sincronicidades. Alguma coisa de incomum aconteceu esta semana? Registre quaisquer coincidências ou algo ligeiramente fora do comum que tenha acontecido.
4. Procure possíveis encadeamentos de harmonia ou de discórdia que forem ocorrendo ao longo dos dias na semana. Os temas se repetem? Os acontecimentos de sua vida estão ligados aos do mundo natural?
5. Anote quaisquer bênçãos angelicais ou preces que você gostaria de lembrar. Adicione recortes de jornais ou revistas sobre anjos. Faça de seu diário um lugar especial para registrar seus pensamentos sobre a vida e os dons dos anjos.

Tudo em sua vida, cada experiência, cada relacionamento é um espelho do modelo mental que está dentro de você.

LOUISE L. HAY
ESCRITORA E EDITORA

AFIRMAÇÃO

Hoje, atraio a harmonia para junto de mim em todos os meus relacionamentos, ao pronunciar palavras que celebram cada momento.

A criação de um ambiente harmonioso

À medida que adquirir maior consciência de seu ambiente externo, você se tornará mais atento às maneiras pelas quais ele reflete o seu estado interno. Seus pensamentos e sentimentos podem literalmente materializar-se como parte do que está ao seu redor. Está na hora, portanto, de fazer um auto-exame e perguntar-se o que está causando a falta de harmonia em sua vida.

Talvez você esteja passando tempo demais no trabalho, a fim de completar as tarefas necessárias. Contudo, no fundo você provavelmente sabe que deixar o escritório no horário e aproveitar as horas de lazer garantirá que, no dia seguinte, possa sentir-se revigorado para retornar ao trabalho. Talvez você seja uma escrava da casa, incapaz de descansar antes que a última camada de poeira seja removida. Mas o que dizer das teias de aranha em sua alma? A necessidade de limpá-las é muito maior. Você terá de fazer uma faxina na casa infinitas vezes, mas basta uma limpeza em sua alma para que sinta os benefícios pelo resto da vida.

Talvez a falta de espaço, literal e metafórica, seja o problema? Apegar-se a papéis que não são mais necessários, permitindo que eles se acumulem, é equivalente a agarrar-se a velhas questões que impedem que você progrida.

Livre-se das coisas que atravancam o ambiente e substitua-as por um pouco de luxo, talvez reservando tempo para proporcionar prazer a si mesmo. Vamos lá, você merece! Arranje tempo para encontrar os amigos e para rir! A companhia de bons amigos deve ser uma das melhores e mais rápidas maneiras de restaurar a harmonia. Exercite o senso de humor - você pode surpreender-se com a descoberta de que alguns de seus problemas mais prementes podem ser enfrentados com um estado de ânimo menos carregado.

Limpar a casa enquanto os seus filhos ainda estão crescendo é como retirar a neve da calçada enquanto ainda está nevando.

Phyllis Diller
Comediante e atriz

Dica especial do anjo

Diga a si mesmo, diariamente, que você é "afortunado demais para se estressar". Dê prioridade a suas tarefas, concentre-se em sua lista de coisas a fazer e diga alto a seus anjos: "Criarei harmonia em minha vida e sei que você certamente me ajudará!"

Harmonia interior

Como vimos, a harmonia está verdadeiramente à nossa volta: nas cores que nos rodeiam, nos ritmos da natureza e nas obras do universo. Nos sinais angelicais, nos símbolos e nas sincronicidades presentes em nossa vida diária. No entanto, talvez nos seja difícil apreciar tudo isso se estamos presos a conflitos internos.

Talvez o passo mais importante em direção a uma vida harmoniosa seja a autoconsciência. Em outras palavras, mude seus pensamentos e você transformará seu mundo.

Lembre-se: devemos ter, sempre, uma idéia clara do que desejamos. Confie em sua consciência e no poder dela. Não importa do que você necessita ou o que você deseja como indivíduo. Tudo isso já faz parte do todo que é o universo.

A comunicação com os anjos não é algo que seja limitado a pessoas especiais que se "conectaram" com eles ou "comportaram-se" de uma maneira determinada. Seus anjos estão com você desde o seu nascimento, esperando pacientemente que estabeleça uma conexão com eles, quando estiver pronto. A orientação deles consiste em impressões de energia que são sentidas ou ouvidas e que são, então, traduzidas em uma forma adequada para cada indivíduo.

Você pode estar se perguntando como podemos ter esperança de levar a paz, a harmonia e o amor a um planeta assolado por guerras, pobreza e desastres naturais. No entanto, os anjos entendem essa realidade, e seu lugar dentro dela.

> *Reconheça o momento em que você está em equilíbrio.*
> *Você tem um nível de força e de flexibilidade que lhe*
> *permite enfrentar qualquer desafio sem fazer esforço.*
>
> **Deepak Chopra**
>
> Médico e consultor espiritual

Anjos das chamas

Louise é um exemplo de pessoa prática e realista, cujo conflito interno foi resolvido quando decidiu confiar em um poder mais alto do que ela mesma.

Ela não conseguia dormir, atormentada pelos pensamentos sobre o projeto no qual estava trabalhando. Normalmente, ela tinha grande confiança em seu próprio julgamento, mas dessa vez a razão aparentemente a havia abandonado. Virando-se na cama, ela matutava sobre o conceito que estava tentando ilustrar. Sua abordagem era complexa ou técnica demais? Ou simples demais?

Após várias noites com essa preocupação, decidiu pedir ajuda. Colocou uma vela no batente da janela de seu quarto e meditou um pouco, antes de pedir a seu anjo que lhe desse um sinal. Sem ter idéia de qual seria tal sinal, tinha grande fé nos anjos, e imediatamente sentiu uma calma envolvê-la. Apagando a vela, agradeceu e dormiu profundamente aquela noite.

Ao chegar a seu local de trabalho, na manhã seguinte, apanhou a pasta que continha todas as notas feitas para o projeto problemático. Olhando para elas, refletiu: ela tinha, de fato, compreendido? Respirou fundo, abriu a pasta e então viu, admirada, uma pequena pena branca cair sobre o carpete! Impossível não entender o sinal – seu anjo tinha ouvido seu pedido e respondeu que tudo daria certo. E deu.

Estrela divina

Existe uma voz dentro de cada alma que a guia através de sua vida. É comum referir-se a tal voz como intuição.

Meditação

Sintonize-se com a Terra, sintonize-se com as estrelas

Esta meditação o ajudará a sintonizar-se com a harmonia natural do universo, libertando-o de quaisquer ressentimentos que lhe estejam impondo limites.

Feche os olhos e respire fundo. Sinta seu corpo relaxar. Libere toda a tensão, deixando que os pensamentos que surgem se distanciem...

- Sinta a energia dourada da Terra chegando a você e subindo por todo o seu corpo.
- Sinta a luz da fonte do universo tomando conta de seu corpo. Veja a cor dessa luz e saiba que ela é perfeita para você, neste momento. Sinta como a energia dessa luz enche você de harmonia e favorece sua sabedoria interior.
- Nesse espaço de harmonia, traga à consciência alguém por quem você se sente de alguma forma maltratado. Respire fundo, peça à sua sabedoria interior que lhe mostre seu papel na criação das situações que levaram você a essa condição de vítima. Observe, sem julgar, as cenas passarem à sua frente.
- Afirme que você está reassumindo seu poder e que aceita o papel que criou, nessa situação de vítima.
- Nesse espaço de harmonia, traga à consciência o sentimento de preencher a si mesmo com amor por quaisquer pessoas com quem tenha se irritado.
- Respire fundo. Deixe claro para essas pessoas que você não mais percebe a si mesmo como vítima, que essa situação não tem mais um papel central em seu subconsciente ou em sua vida.
- Continue a enviar essa energia poderosa para essas pessoas ou situação específica, ou para o universo de um modo geral, até que se sinta preenchido.
- Quando se sentir preenchido, agradeça a seus guias pelo presente que partilhou com eles. Respire bem fundo. Quando estiver terminando esta meditação, agradeça a seu corpo por sua sabedoria.

Estrela divina

À medida que crescemos internamente, começamos a irradiar uma personalidade mais positiva. As pessoas ao nosso redor passam, então, a responder a esses estímulos com uma luz mais positiva, e então o ciclo é iniciado.

Onde começa a harmonia

Você pode representar a origem de qualquer experiência que desejar ter na vida, seja ela a alegria, o amor, o riso, o sucesso ou a paz. Se você se vê enredado em um círculo vicioso de pensamentos negativos, de culpa, arrependimento e vergonha, é hora de mudá-los agora mesmo!

Você consegue se lembrar de uma época na vida em que se sentiu particularmente feliz? Pode ter sido um marco importante, tal como uma cerimônia de graduação, de casamento ou uma promoção no trabalho. Concentre-se nesse acontecimento, mentalize aquela pessoa feliz à sua frente uma vez mais e recorde o sentimento de exultação. Agarre-se a essa imagem – é a ela que você estará voltando novamente.

Pergunte-se o que é necessário para voltar a ser aquela pessoa uma vez mais. Faça uma lista, em seu "Diário do anjo", do que realmente precisa conquistar a fim de restaurar a felicidade e o equilíbrio em sua vida. Você se surpreenderá ao perceber que a lista é menor do que imaginava, e que muitos dos itens que constam dela são alcançáveis.

É tempo de trabalhar de dentro para fora, começando por ser honesto consigo mesmo, estabelecendo metas que sejam simples e atingíveis.

AFIRMAÇÃO

Hoje, sou grato por saber que a luz interior
é minha fonte e meu provedor.

Exercício
Mude, com o apoio de seus anjos

Busque um estado de tranqüilidade. Então, convide seus anjos a ficar junto de você e tornar-se seus parceiros criativos, enquanto começa a equilibrar sua vida e sua energia.

- Crie uma lista de desejos em sua mente e transmita o conteúdo dessa lista a seus guias, identificando-os como desejos pessoais, profissionais, financeiros, emocionais, mentais ou espirituais. Permita, então, a seus guias angelicais que o conduzam à realização de sua lista.
- Enquanto repassa mentalmente essa lista, examine a si e a seus relacionamentos atuais de perto, e diga em voz alta: *Estou disposto a mudar qualquer coisa, a mudar tudo em minha vida!*

A vida é mesmo engraçada; se você se recusar a aceitar qualquer coisa exceto o melhor, você normalmente obterá isso.

SOMERSET MAUGHAM
ROMANCISTA E DRAMATURGO (1874-1965)

De que modo Hannah encontrou seus anjos

Morando no interior da Cornualha com sua família, Hannah, aos cinco anos de idade, tinha a sorte de poder desfrutar de uma bela paisagem, bem como de praias deslumbrantes à porta de casa. Suas lembranças de infância são as melhores; ela e a família tinham uma boa situação financeira e seus pais lhe ofereciam tudo de que precisava.

Uma coisa intrigava Hannah, no entanto. Era algo que ela não conseguia explicar e a que sua mãe dava pouca importância, chamando aquilo de devaneios. De vez em quando, Hannah via pontos brilhantes de luz em seu quarto, dançando no ambiente, pouco antes de ir para a cama. Não eram ameaçadores; ela sentia um calor confortante toda vez que eles apareciam. Hannah desejava que sua mãe pudesse vê-los, mas ela dizia: "Vá dormir, querida, é somente sua imaginação".

Os anos passaram, Hannah casou-se e teve sua própria família. Um dia de verão, no ano passado, eles decidiram fazer um piquenique. Fazia um lindo dia, e Hannah e seu marido jogaram críquete e nadaram no lago.

À noite, em seu quarto, pensando sobre seu dia, sua infância e sua vida em geral, Hannah percebeu como era feliz, e quanto amor a rodeava, desde o nascimento. Fechando os olhos, disse alto: "Deus e seus anjos, sou grata por tantas bênçãos. Prometo que procurarei maneiras de transmitir minha felicidade a outros que não sejam tão abençoados".

De repente, foi envolvida por uma sensação de calor e, ao abrir os olhos, ali estavam as luzes brilhantes que lembrava de sua infância, dançando pelo quarto. Hannah compreendeu que os anjos se comunicavam com ela, juntando-se em sua alegria.

A parte mais interessante de nossa felicidade ou de nosso infortúnio depende de nossa predisposição, e não das circunstâncias.

Martha Washington

Primeira-dama americana (1731-1802)

Saúde e harmonia

Aprender a aumentar nossos níveis de energia fará melhorar nosso nível geral de felicidade e trará equilíbrio e harmonia a outras áreas de nossa vida. De fato, o bem-estar físico dá apoio à saúde mental, e vice-versa.

Seja qual for seu ponto de partida, esteja você em uma cadeira de rodas ou ativo, fazendo algum tipo de exercício físico, há algo que pode ser feito para aumentar sua sensação de bem-estar físico. Você pode começar, simplesmente, tornando-se consciente de sua postura, já que melhorá-la pode beneficiar sua vida de diversas formas.

Artigos de revistas e jornais normalmente recomendam caminhar mais, e estão certos. O mundo de hoje e o estilo de vida por ele estimulado, com o uso constante do automóvel, podem levar a desequilíbrios não somente sob a forma de problemas físicos como de estresse mental. Caminhadas certamente proporcionam pensamentos positivos e fazem melhorar o estado de ânimo.

Vale também a pena considerar os benefícios de práticas como o *tai chi*, arte chinesa antiga que proporciona equilíbrio e harmonia. A prática indiana da ioga, com sua harmonia entre mente e corpo, também promove a paz interior e o equilíbrio.

O universo dará total apoio a cada pensamento
Que você tiver, e a cada crença sua.
Você tem escolhas ilimitadas quanto ao
Que quiser pensar.
Escolha o equilíbrio, a harmonia e a paz, e
Expresse-os em sua vida.

Louise L. Hay
Escritora e editora

Dica especial do anjo

Lembre-se, estamos juntos nesta viagem: o objetivo de todos é a harmonia. Para conviver com a experiência da harmonia, comece criando um relacionamento harmonioso com as pessoas mais próximas de você. Então, espalhe esse sentimento às esferas mais distantes. Deixe que a luz da harmonia brilhe de forma que todos possam vê-la.

Um lugar para descansar

Wendy é uma amiga nossa que teve de cuidar dos preparativos para um funeral em uma hora particularmente difícil. Sua mãe estava com uma doença terminal e veio a falecer na semana antes do Natal, em 2006. Para aumentar o sofrimento de Wendy, havia a possibilidade de o funeral ter de ser adiado para o período após o Natal.

Acreditando fielmente nos anjos, Wendy esperava que esse problema potencial pudesse ser resolvido. No último momento, tudo se encaixou. O vigário de uma bonita igreja no interior do país concordou em realizar a cerimônia do funeral pouco antes do Natal e garantiu um lugar de descanso para a mãe de Wendy, nos jardins do cemitério local.

No dia da cerimônia, a região estava coberta por uma forte neblina e havia cenas de caos nos aeroportos e estradas. No final da cerimônia, enquanto as pessoas caminhavam em direção ao local do enterro, uma coisa incrível aconteceu. A neblina rapidamente se dissipou, o céu ganhou um azul intenso e o sol começou a brilhar. O caixão foi lentamente baixado e, naquele momento, os pássaros começaram a cantar alto. Wendy soube que os anjos tinham respondido a seus apelos e recompensado sua fé. Ela tinha, de fato, acreditado e recebido.

Tudo o que está dentro de você é celestial.
Cada pássaro que jamais cantou cantará dentro de você.
E cada flor que jamais desabrochou guardou seu
Perfume e sua beleza para você.

UM CURSO EM MILAGRES

Estrela divina

Mentalize o seu próprio Anjo da Harmonia, de rosto sereno e com uma calma contagiante. Saiba que ele está sempre com você, para guiá-lo, a cada vez que o ritmo da vida tornar-se frenético.

Harmonia para sempre

A estrela da harmonia é uma presença contínua em nossa vida. Ela nos acompanha do berço ao túmulo, tornando-se visível na beleza do mundo ao nosso redor, nos sons que ouvimos e nos movimentos dos planetas. No entanto, passamos os dias procurando por ela, achando que é impossível alcançá-la.

Normalmente, tudo o que precisamos fazer é desacelerar e abrir os olhos para as maravilhas ao nosso redor, elevando nossos níveis de energia, para cuidar de nós mesmos física e mentalmente.

Destaques a ponderar

Reservarei algum tempo para ser eu mesmo.
Acredito na harmonia e no apoio concedidos pelo universo.
Ouço música que me deixa em estado elevado.
Passo tempo, com qualidade, com aqueles que amo.
Reservo tempo para apreciar o mundo natural.
Cuido tanto do corpo quanto da mente.
Valorizo as conexões entre as coisas.

3

A estrela da gratidão

A cada dia, aceite tudo o que lhe acontecer como um presente. À noite, devolva tudo, em pensamento. Dessa forma, você se libertará. Ninguém, em nenhum momento, poderá lhe roubar coisa alguma, pois nada pertence a você.

DANIEL LEVIN
ESCRITOR

Pausa para refletir

O significado da estrela da gratidão é o reconhecimento pelas bênçãos que recebemos, e isso nem sempre é fácil. Talvez achemos que, em nossa vida, saímos de uma crise para entrar em outra; que a infelicidade tornou-se uma forma de viver e que estamos presos em uma espiral negativa. Nesse ponto, a situação como um todo pode realmente piorar, pois, normalmente, quanto pior nos sentirmos mais infelicidade parecemos provocar. Todos somos atraídos por pessoas afáveis e generosas, como as que nos fazem rir. Mas que dizer àquelas que vivem reclamando: "Oh, tudo tem de acontecer comigo?" É natural que seja assim, já que estão predispostas ao desapontamento e à tristeza.

No entanto, se pararmos para pensar em nossas experiências no final de cada dia e, conscientemente, procurarmos um aspecto positivo – um somente –, já será um início. Talvez você tenha achado uma pechincha numa loja... uma criança pequena sorriu para você... você viu o arco-íris...? Podem parecer bênçãos pequenas, mas, se você se concentrar, notará que em breve começará a procurar, consciente e inconscientemente, por outras, no dia seguinte. Essas bênçãos começarão a tornar-se mais evidentes e mais freqüentes.

Você e sua infelicidade não são uma coisa única. Sua vida pode passar por uma reviravolta se usar os vários talentos que existem dentro de você – basta trazê-los à tona, e é o que o ajudaremos a fazer, neste capítulo.

Se a única prece que você disser em sua vida
for "Obrigado", isso já será suficiente.

MESTRE ECKHART

TEÓLOGO E MÍSTICO (1260-1328)

Dica especial do anjo

Mostrar gratidão por este momento é a atitude que nos transfere para o estado de aceitação daquilo que estamos vivenciando neste instante.

Muita disposição

Estávamos ansiosas por aquela viagem a Amsterdã. Uma Semana das Mulheres estava para acontecer, e nosso grupo de seis amigas planejava visitar galerias de arte, andar de barco nos canais e se divertir. Chegou o dia, e nos encontramos no aeroporto de Liverpool. Nosso vôo foi anunciado e nos dirigimos para o portão de embarque, com os passaportes na mão.

No portão, um cavalheiro de olhar carrancudo disse a uma de nossas amigas que seu passaporte estava vencido, e que ela não poderia viajar. Nós rimos, mas não era piada nenhuma: o homem tinha razão. Uma nuvem negra pairou sobre o grupo. "Sigam em frente com a viagem. Pensarei em algo", nos disse ela.

Não imaginávamos o que poderia ser esse "algo" e, com pesar, embarcamos. Em Amsterdã, nosso hotel era bem localizado, no centro. Pensando em aproveitar a oportunidade e explorar a cidade, sentíamos muito a falta de nossa amiga.

Na manhã seguinte, quando estávamos no salão do café-da-manhã, ficamos pasmas ao ver nossa amiga entrar com um grande sorriso no rosto. Ela explicou que, depois de nos deixar, pulou em um táxi que a levou para o escritório de renovação de passaportes. Documento renovado, reservou uma noite em um hotel luxuoso e pegou o primeiro vôo para Amsterdã na manhã seguinte. Disse que a noite tinha sido ótima para sua alma, que estava somente meio dia atrasada e ansiosa para ver as atrações da cidade!

Que atitude maravilhosa, a dela. Ter transformado o que parecia um desastre em um momento de prazer mostrou que ela era realmente talentosa. Na verdade, ela chegou mesmo a proporcionar mais prazer à nossa viagem.

A realidade é uma coisa acima da qual nós nos elevamos.

LIZA MINNELLI

ATRIZ E CANTORA

Estrela divina

Um gesto de gratidão prepara nossa consciência para tornar-se receptiva a nossos desejos.

Todos temos nosso valor

Se praticarmos o suficiente, sendo gratos pelo que temos, em vez de reclamar daquilo que nos falta, poderemos mudar nossa vida.

O tempo é um presente precioso. Muitos de nós ficaríamos surpresos se percebêssemos quanto tempo livre temos à disposição. Contudo, quantas vezes recusamos convites ou deixamos de fazer algo interessante, alegando que não temos tempo? O que isso significa é que adotamos uma postura de mártir, e talvez sejamos levados por uma sensação de dever que é desnecessária.

O mundo de hoje nos oferece uma variedade imensa de atividades de lazer e, se administrarmos nossa rotina de modo a incluir algumas delas, sentiremos nosso ânimo melhorar. Merecemos, todos, ter mais tempo para nós mesmos. Faça um esforço deliberado para incluir tempo para si mesmo em sua vida, pois isso enriquecerá todos os aspectos dela.

Afirmação

Hoje, escolherei fazer todas as coisas de modo diferente. Sou grato por minha capacidade de abandonar o passado e de criar uma vida incrível.

A gratidão é tudo

Às vezes, ficamos paralisados em meio a dificuldades, quando nos concentramos no próprio motivo de preocupação. Inadvertidamente, nos ensinaram que, se analisarmos um problema a fundo, acabaremos achando uma solução para ele. No entanto, se durante esse processo estivermos tomados por sentimentos problemáticos, a dificuldade só aumentará.

Em situações como essa, devemos mudar essa energia, de modo a nos colocar em estado de total gratidão e de graça. Então, simplesmente desconsideramos nossas preocupações e medos? Não, eles fazem parte de nós. Devemos olhar para eles durante tempo suficiente para perceber onde trabalhar conscientemente o problema, com o objetivo de achar uma solução. A viagem rumo à verdadeira liberdade da alma começa quando olhamos para nós mesmos. Essa percepção nos ajuda a analisar o quadro mais amplo da vida: podemos, então, enxergar nossos guias angelicais e reconhecer nossa unidade com o universo.

Dica especial do anjo

Aqui estão sete sugestões para que você acolha a gratidão em sua vida.

1. Ame a si mesmo, ao seu passado, a seu corpo e a tudo o que se relacionar com você.
2. Seja responsável pela criação de tudo o que se relaciona à sua vida.
3. Peça o que você deseja receber tanto ao seu Eu interior quanto aos que estão ao seu redor.
4. Cerque-se de coisas bonitas. Crie um espaço sagrado, só para você.
5. Saiba que tudo acontecerá para o seu bem mais sublime.
6. Faça coisas que lhe proporcionam um grande prazer.
7. Seja paciente e generoso consigo mesmo e com os outros.

Pedir é o primeiro passo para receber. Por meio de uma simples prece você pode alterar seu futuro, pode mudar as coisas que acontecerão no minuto seguinte.

Dr. Bruce Wilkinson
Teólogo e escritor

Afirmação

Hoje, acolho a mudança como um amigo bem-vindo.
Estou disposto, agora, a libertar-me do medo, para que coisas e situações novas possam entrar em minha vida.

Exercício
Criar a própria história

Explore, com este exercício, alguns dos temas que permeiam sua vida.

1. Em seu "Diário do anjo", escreva os nomes de suas lendas, contos de fadas e histórias prediletos. Que temas estão presentes neles? Observe se essas histórias refletem valores ou ideais que sejam importantes em suas crenças.
2. Faça uma lista de sete desafios que você enfrenta neste momento.
3. Faça uma lista de sete frustrações com que você tem convivido.
4. Faça uma lista de sete lembranças agradáveis.
5. Faça uma lista de sete coisas que fizeram você sorrir, esta semana.
6. Faça uma lista de sete desejos para o futuro.
7. Escreva versões curtas das histórias que escolheu, mas incorpore a elas alguns dos desafios, frustrações, lembranças e desejos que você revelou. Crie soluções para esses problemas. De que modo suas novas versões diferem das histórias tradicionais?

Aí vem o sol

O dia estava frio e geava. A previsão do tempo prometia algum sol mais tarde, mas eu os achei otimistas. Fazendo uma pausa, fui à cozinha preparar um café. Bebericando o líquido, olhei fixamente para a janela e me peguei dizendo, baixinho: "Um pouco de luz do sol me faria bem, obrigado". Não tinha certeza se estava dirigindo minha fala a alguém, mas os anjos devem ter me ouvido. Quando voltei ao computador e verifiquei meus *e-mails*, uma mensagem me iluminou: Kelly, tendo lido um livro meu, me escreveu contando algo que aconteceu quando ela era mais jovem. Disse que, alguns anos antes, a família toda tinha sofrido uma perda terrível, com a morte de uma amiga querida. Ela morreu somente dois dias antes do aniversário de Kelly, o que lhe pareceu acrescentar ainda mais tristeza ao fato. Nessa noite, Kelly estava sozinha em casa, e a sensação de pesar era insuportável. Procurando conforto, ela dirigiu-se para a cama de sua mãe, desejando estar perto dela.

Olhou para cima e ficou espantada. No canto, uma visão incrível. Um anjo enorme se postava em pé. Era uma cena de tirar o fôlego. A figura, majestosa, brilhava e era dourada, irradiando uma sensação de calor que envolveu o coração de Kelly.

Anos depois, ao recordar a experiência, Kelly consegue lembrar-se daquele calor, ainda. Ela diz que, após ter visto o anjo, todo o seu medo a deixou, e ela sentiu sua vida mudar. Surgiram oportunidades de viagem, que literalmente ampliaram seus horizontes. Artista talentosa, realizou seus sonhos de cursar o ensino superior.

"Não tivesse sido pelo anjo, não teria conquistado tantas coisas em minha vida", diz ela. Seu coração está cheio não somente de amor, mas de profunda gratidão.

Exercício
A revelação de talentos escondidos

- Que tipo de atividade você particularmente apreciava, quando era criança? Desenhar, atuar em peças, consertar bicicletas...?
- Quando ouve falar do sucesso de alguém numa determinada atividade, você sente inveja, pensando: "Eu poderia ter feito

isso"? Caso positivo, que atividade é essa? Por que, em sua opinião, você tem esse tipo de reação frente ao sucesso de outra pessoa?

- O que lhe dá uma sensação de realização em sua vida, hoje? De que modo você pode dar um peso maior a essa atividade, em sua rotina?
- É chegada a hora de descobrir suas áreas de felicidade ainda não exploradas. Sinta-se grato pelo prazer obtido com essa descoberta, pois isso lhe dará muito mais satisfação, esteja certo.

A vida proporciona mais do que uma carga de responsabilidades e de preocupações. Faça um esforço concentrado para conectar-se com seu verdadeiro eu e para conviver com as bênçãos consideráveis que já possui. Descubra os dons e os talentos que realmente tem, mas que podem não estar visíveis.

Dica especial do anjo

É importante encontrar um tempo para um pouco de descontração e para partilhar o dom da gargalhada, através de atividades que lhe dão prazer. O poder terapêutico da gargalhada irá tornar sua vida mais leve e fará que você se sinta melhor também no plano físico.

Todos nós temos de enfrentar testes na vida.
O amor e os anjos nos ajudarão a passar por eles.

RICHARD H. LUCAS
ESCRITOR

Meditação
O caminho da gratidão

Esta meditação o ajudará a deixar para trás os diversos pensamentos e emoções que têm se mostrado obstáculos em seu caminho.

Feche os olhos e respire profundamente. Sinta seu corpo relaxar. Libere qualquer tensão.

- Veja a si mesmo num belo lugar no campo. Nesse espaço de completo relaxamento e de paz, traga à consciência uma situação que tem incomodado você.
- Imagine-se agora em pé, em frente à bifurcação de um caminho. Ao virar a cabeça, olhando para trás, observe que o caminho em que você estava é pedregoso. Reconheça-o como o caminho do medo, em relação à situação que você acaba de trazer à consciência.
- Observe os obstáculos nesse caminho, todas as dificuldades. Como ele era estreito. Agradeça a sua sabedoria interna por tê-lo trazido para a bifurcação.
- Olhando para a frente, agora, note os dois caminhos à sua frente. Um deles é a continuação do percurso pedregoso em que você estava. O outro é muito mais largo, plano, sem barreiras. Esse é o caminho da gratidão.
- Respire fundo e afirme, para o universo, sua escolha de trilhar o caminho da gratidão. Comece a movimentar-se na direção dele.
- Observe que você desliza nele e que se sente apoiado, como se nele houvesse energia, ajudando-o no percurso. Perceba o acompanhamento do universo, caminhando a seu lado. Sinta a gratidão que toma conta de seu corpo.
- Respire fundo novamente e, ao terminar esta meditação, afirme sua gratidão, a essência do que você acaba de criar.

A generosidade de estranhos

Chegam a nós diversas histórias de pessoas que são ajudadas, repentinamente, por estranhos de aparência comum. Eles em geral aparecem subitamente, como que saídos do nada, e somem também com a mesma rapidez.

Ouvimos falar, muitas vezes, de pessoas que foram ajudadas em lugares públicos, como em trens ou em aeroportos, e que receberam a ajuda de que precisavam sem chamar a atenção de ninguém. Aparentemente, os anjos têm facilidade para adaptar-se ao mundo moderno, como ficará claro em nosso próximo relato, sobre Norma.

Todos os anjos de Deus chegam a nós disfarçados.

James Russell Lowell

Poeta, crítico e abolicionista (1819-91)

Um anjo disfarçado

Certo dia, Norma, com apenas dez anos de idade, foi deixada em casa com o encargo de cuidar de seu irmão menor e da casa. Sentia-se então como uma adulta responsável. Norma decide, então, fazer um chá e liga uma das bocas do fogão. Uma repentina lufada de vento faz balançar as cortinas perto do fogão e, num instante, elas pegam fogo. Norma leva um susto e, horrorizada, vê as chamas se alastrarem rapidamente. Percebe que está tremendo de medo e tenta jogar água nas chamas com uma pequena vasilha, o que se mostra inútil.

Nesse momento exato, ela se vê paralisada. Sua mente é um completo vazio sobre o que fazer em seguida. Para seu espanto, um homem alto aparece então, de uniforme azul-marinho, e rapidamente se dirige à pia. Ele pega uma grande vasilha com água e joga-a nas cortinas numa única e poderosa tacada. O fogo se apaga de imediato. Norma fica em silêncio por um momento. Prepara-se para agradecer ao homem, mas percebe que não há ninguém na cozinha além dela. O homem desapareceu. Pensando que ele teria saído da casa, corre atrás dele. Não há ninguém à vista.

Até hoje Norma pensa sobre esse incidente, mas nunca achou explicação racional para ele. Ela não terá sido ajudada, em uma situação amedrontadora, por uma espécie de guardião espiritual?

AFIRMAÇÃO

Hoje, dou graças por tudo o que tenho.
Estou feliz em minha gratidão e
com as bênçãos que recebi.

Encontros com anjos

Por mais que tentemos entender, incidentes como o ocorrido com Norma parecem ter somente uma explicação mística, e somos forçados a relacioná-los aos anjos. É interessante notar que, quando simplesmente confiamos neles, aparentemente eles intervêm com maior rapidez. Precisamos aprender a suspender nossa descrença.

Espalhe um pouco de felicidade

Pequenos gestos de generosidade fazem a felicidade se propagar. Se fazemos pequenos favores aos outros, não leva muito tempo, normalmente, para que a felicidade retorne a nós. Expresse sua gratidão hoje. Diga a um amigo quanto você é grato pela amizade dele, convide-o, talvez para um almoço ou uma ida ao cinema. Agradeça ao motorista de táxi pela corrida com segurança e por sua habilidade ao volante. O sentimento caloroso se espalhará a todos os que viajarem no táxi naquele dia.

As pequenas coisas que você faz todos os dias - sorrir para uma pessoa estranha ou elogiar alguém - deixam você mais perto da verdade espiritual, da pureza de sua alma.

Deepak Chopra
Médico e consultor espiritual

Estrela divina

Levar uma vida espiritual no mundo de hoje significa que, se quisermos permanecer espiritualmente saudáveis, assim como recebemos temos de doar.

Exercício
Expresse mais gratidão em sua vida

1. Escreva o nome de cinco pessoas que são importantes em sua vida. Ao lado dos nomes, escreva uma frase que sintetize o motivo pelo qual você gosta de cada uma. Escolha uma dessas cinco pessoas e envie-lhe uma carta, dizendo a ela o porquê de ela ser tão importante para você e em sua vida. A decisão é sua, agora: você pode simplesmente jogar a carta fora, guardá-la num lugar especial ou criar coragem e realmente enviá-la, uma atitude que pode fazer valer o dia dessa pessoa.
2. Faça uma lista das coisas pelas quais você é mais agradecido. Toda vez que você se sentir desanimado ou deprimido, pegue a lista e leia.
3. Crie um "Diário da gratidão", com o seguinte procedimento: antes de ir para a cama, escreva nele três coisas pelas quais você se sente grato.

4. Escreva para si mesmo uma carta de gratidão, por todo o esforço despendido nesse diário, e contando à sua criança interior o orgulho que sente por todo o crescimento e pela cura que vêm acontecendo.

O amor que abrange tudo

Ainda adolescente, durante a Segunda Guerra, Marie trabalhava numa plantação de batatas em Yorkshire, sua terra natal. Aos 16 anos, criou laços de amizade com Joseph, um prisioneiro de guerra italiano que também trabalhava na terra. Seu relacionamento tornou-se sólido, mas esmoreceu quando Joseph foi repatriado, após a guerra. A vida continuou, o tempo passou, e Marie fez planos de tornar-se professora.

Sincronicidade: um dia, Tom, o tio de Marie, convidou-a a visitar um parente que morava longe. Para sua surpresa, Joseph estava no mesmo ônibus! Começam a conversar, e descobrem que ele escrevera para Marie ao retornar para a Inglaterra, na esperança de retomar a amizade com ela. Receando que o retorno dele pudesse arruinar os planos de Marie de tornar-se professora, a mãe dela havia escondido a carta de Joseph. Se Marie não tivesse tomado o ônibus aquele dia, jamais teria sabido do retorno do amigo italiano.

Marie tinha 22 anos quando se casou com Joseph. Esse foi o início de uma longa e feliz união. "Tio Tom foi o improvável anjo terreno", ela brinca.

O casamento dos dois era tão feliz que, 35 anos mais tarde, quando Joseph morreu, Marie ficou inconsolável. Ela e Joseph tinham viajado para a Itália muitas vezes, ao longo dos anos. Assim, ela decidiu voltar a esse país, após a morte do marido, dessa vez com a filha.

Marie chegou ao vilarejo, terra natal de Joseph, no dia de São Roque. Todos se dirigiam à igreja. Ao encaminhar-se para receber a comunhão, algo incrível aconteceu: Marie sentiu-se completamente tomada pela presença de seu marido. Era tão forte a sensação, que ela automaticamente virou-se, na esperança de vê-lo! Uma paz e uma alegria enorme tomaram conta dela.

Marie crê que um anjo foi enviado por Joseph, naquele dia, para confortá-la em sua dor. Desde então, ela é eternamente agradecida por essa experiência.

Brilhe, estrela da gratidão

A gratidão nos faz perceber que não estamos, necessariamente, à mercê daquilo que nos cerca; que temos muito a agradecer em nossa vida, não importa quais sejam as circunstâncias.

A gratidão pode nos ajudar a passar de uma atitude de vítima para a de alguém que reconhece os próprios poderes, sabendo que está, também, recebendo a bondade que vem do universo. Somos verdadeiramente abençoados.

Destaques a ponderar

Agradeço por um novo dia.
Reconheço minhas bênçãos diariamente.
Trato as outras pessoas com generosidade e gratidão.
Estou aperfeiçoando todos os dons que me foram dados.
Digo aos meus entes queridos quanto os estimo.
Digo "Obrigado" aos muitos heróis que encontro a cada dia.
Sorrirei para um estranho e pedirei a ele que
transmita o sorriso a outra pessoa.

4

A estrela da confiança

A confiança está na base dos relacionamentos em que ambas as partes ganham, pois, quando você confia nos outros e eles confiam em você, é possível ser transparente, colocar as cartas na mesa. Mesmo que cada um veja as coisas de maneira diferente, cria-se o compromisso de entender o ponto de vista um do outro.

STEPHEN R. COVEY
ESCRITOR

Aprendendo a confiar

Optar pela confiança nem sempre é fácil. Talvez tenhamos tido, no passado, experiências amargas, que fizeram que seja difícil confiar em alguém. Relacionamentos íntimos envolvem confiança e, se sentimos que nos desapontaram, pode ser extremamente difícil restabelecer esse sentimento. E, se temos dificuldade em confiar nos que nos rodeiam, será muito mais difícil confiar em anjos divinos.

Podemos dar o primeiro passo aprendendo a ter confiança naquilo que conhecemos – nós mesmos. Ter fé em nossos próprios julgamentos nos dará maior liberdade para confiar no julgamento dos outros.

Assim que aprendemos a confiar em nós próprios, podemos pedir ajuda, sabendo que não precisamos caminhar sozinhos; o universo estará do nosso lado. À medida que ganhamos maior confiança em nossos poderes intuitivos e em nossa ligação com o domínio dos anjos, percebemos que temos, naturalmente, a capacidade e a sabedoria de agir com base nesses sinais que vêm do alto.

Os passos deste capítulo o ajudarão no caminho da confiança. Se você estiver pronto para confiar nos próprios instintos e pedir ajuda aos anjos, perceberá tudo com maior clareza.

Estrela divina

A cada momento, não importa quais sejam as circunstâncias, podemos escolher entre viver com confiança ou com medo. A confiança está baseada na segurança – saber que estamos fazendo tudo o que está ao nosso alcance. O medo se baseia na dúvida.

Libertar-se do medo e viver com confiança

O medo caminha lado a lado com a preocupação e a ansiedade. Se uma situação dada está além de seu controle, ou se você está fazendo o que pode para resolvê-la, de alguma forma você está continuamente diante de uma bifurcação na estrada, com duas opções: o caminho do medo ou o da confiança. Aquele que você escolher o levará a criar sua realidade.

Confiar na própria vida significa escolher o caminho do amor, um caminho de curiosidade e de maravilhamento. Ao viver com confiança, você se abre para a mágica do universo.

Trata-se de ACREDITAR E RECEBER.

Ao viver com confiança, você passa a não se preocupar com os detalhes. Pára de dar atenção à questão do "como". Para poder confiar na vida, deve libertar-se de qualquer tendência a fazer suposições, em particular aquelas que atribuem valor a suas experiências. Se você está constantemente classificando as experiências como "boas" ou "ruins", talvez seja necessário considerar quanto, no fundo, confia no processo da vida. Você pode simplesmente escolher o caminho de viver a experiência.

Ao fazer isso, você notará que todas as suas experiências o conduzirão a ter conhecimento, sabedoria, amor, harmonia, paz, gratidão, coragem e confiança maiores.

Quanto mais você confiar, mais razão terá para fazer isso. O que talvez comece como um salto em direção à fé estará, em breve, ancorado na realidade, com provas visíveis. É assim que o universo funciona.

Quando substituímos a necessidade de viver em meio ao medo e às preocupações pela confiança na vida, criamos o espaço necessário para testemunhar e apreciar os milagres que acontecem a cada momento de nossa vida.

Dica especial do anjo

Concentre-se neste exato momento. É neste momento que a confiança começa.

A confiança nasce da sensação de segurança que as outras pessoas nos transmitem. A confiança pode nos libertar sempre que o medo tentar dominar nosso desejo de participar dos desafios mais estimulantes da vida.

Kathleen Keating
Terapeuta e escritora

Os anjos da confiança e a sincronicidade

Fui convidada a dar uma palestra em uma livraria em Crewe e calculei o tempo exato de que precisaria para tomar o trem que sai de Manchester, a fim de chegar a tempo. Verifico no painel da plataforma que é aquele mesmo o meu trem e me instalo. Em instantes, um funcionário entra no vagão, anunciando que o trem não seguiria mais para Crewe e que teríamos de descer.

Um outro trem chega à plataforma. Anunciam pelo sistema de alto-falantes que este tem Crewe como destino. Os passageiros embarcam e, minutos depois, nos pedem, mais uma vez, para descer: o destino dele era York.

As reclamações são consideravelmente maiores, desta vez. Olho para o relógio e me angustio: eu me atrasaria para a palestra. Começo a suar e um início de pânico se insinua, dentro de mim. Nesse momento, começa a tocar música nos alto-falantes: é o grupo Abba, cantando *I believe in Angels* [Acredito em anjos]. Sorrio e digo, silenciosamente: "OK, confio em você para me tirar dessa". Nesse exato momento, outro trem se aproxima.

O trem parte e anunciam aos passageiros: devido aos atrasos anteriores, aquele seria um trem expresso, sem paradas, para Crewe. Chego à cidade com tempo de sobra.

Certamente não deixei de agradecer aos anjos por terem recompensado minha confiança neles!

Estrela divina

A confiança é uma experiência que nos ocorre quando entramos num estado de consciência em que conseguimos sentir a experiência da energia, bem como a conexão entre causa e efeito. O poder da confiança está sempre presente.

Sinais celestes

Não é fácil ter confiança. Isso se aplica não somente a circunstâncias pessoais e às pessoas ao nosso redor, mas também a nós mesmos. Talvez nos falte confiança em nossos próprios julgamentos, e deixemos de seguir nossa voz interna e os instintos. Nesse caso, o problema só se agrava.

Mas os sinais que vêm de uma fonte superior nos são dados o tempo todo. É tudo uma questão de reconhecê-los. Às vezes, eles podem ser tão sutis, que é tentador descartá-los de imediato.

Os sinais podem aparecer sob a forma de música, como numa canção que traz associações em particular, e que ouvimos inesperadamente no rádio ou na televisão. O seu sinal especial pode, também, ter a forma de algo da natureza, tal como um certo tipo de borboleta, um arco-íris, um pássaro.

As penas são, aparentemente, o mais freqüente de todos os tipos de comunicação que envolvem anjos. São símbolos delicados, com pouca probabilidade de nos assustar, e que podem ser, ao mesmo tempo, muito eloqüentes. Elas aparecem inexplicavelmente dentro de bolsas, gavetas e armários não abertos por um longo período. São sinais misteriosos e, no entanto, confortadores, que confirmam que nunca estaremos sozinhos se tivermos confiança.

Não tenha medo, portanto, de pedir ajuda: os anjos estão sempre esperando que você os aborde, e a resposta deles será rápida. A vida pode ser plena de alegria e de realizações quando nos libertamos de nossos medos e confiamos nos anjos para nos guiar.

Afirmação

Hoje, tenho confiança em que tudo foi planejado de uma forma que contribui para o meu bem mais sublime. Tenho segurança em saber que o mundo é um lugar seguro e maravilhoso.

Exercício
Peça para receber um sinal

- No início de sua viagem pessoal, peça para receber um sinal. Quando ele aparecer, escreva a respeito dele em seu "Diário do anjo". Registre exatamente o que pediu, o que aconteceu, quando ocorreu, seu estado de espírito no momento, e como seus sentimentos foram afetados pela experiência. Repita isso a cada sinal que receber.
- Após algumas semanas, leia os apontamentos de seu diário. Talvez haja uma constante, neles, que consolide sua crença e sua confiança. É possível que essa constante esteja presente em sua vida há anos, e você, inconscientemente, a tenha ignorado.

Seja uma estrela-guia em meu céu,
Ilumine cada rocha e onda,
Guie meu barco através das águas
Em direção ao porto.

Caitlin Matthews
Escritora da tradição celta

O caminho em direção ao paraíso?

No início de 2006, ao aposentar-se, Pam e seu marido Roy decidiram mudar-se da Inglaterra para a ilha de Tenerife, um plano que o casal tinha havia tempos.

Eles tinham acabado de se mudar quando tiveram notícias de parentes do Canadá, os quais diziam que adorariam visitá-los na nova casa, e que isso aconteceria em breve, se possível. Pam concordou, mesmo sentindo-se dividida. Eles seriam seus primeiros visitantes e, embora gostasse muito deles, preocupava-se com a possibilidade de não ser uma boa anfitriã, em tempos ainda de confusão, devido à mudança. Junto com o marido, Pam começou a planejar como os receberia, e onde todos jantariam.

Pam e Roy tinham descoberto um restaurante maravilhoso na ilha, que parecia o local perfeito para receber seus hóspedes. O casal levou-os, então, ao lugar. Normalmente calma, Pam sentiu-se extremamente incomodada quando todos se sentaram à mesa. Pediu licença e foi ao banheiro, para recuperar o fôlego. Poucos minutos lhe bastaram para se recompor e dizer uma pequena prece, pedindo aos anjos que a ajudassem a fazer daquela ocasião algo muito especial para seus parentes.

Voltando para a mesa, Pan notou, surpresa, bem no meio do degrau, uma linda pena branca. Sentindo o coração mais leve, apanhou a pena, certa de que aquele era um sinal que lhe dizia que tudo sairia bem.

Algum tempo depois, velhos amigos da Inglaterra também vieram visitar Pam e Roy. Dessa vez, Pam sentiu-se à vontade e confiante em que seria uma boa anfitriã. Ela os levou também ao seu restaurante predileto. Após um delicioso jantar, foi novamente ao toalete. Retornando à mesa, encontrou uma vez mais uma bela e felpuda pena branca, no mesmo lugar de antes! O sinal era muito claro e confortador.

Como se duas penas não fossem o suficiente para convencer Pam de que seu anjo a protegia e lhe mandava mensagens, isso aconteceu pela terceira vez. Uma amiga com quem Pam perdera o contato havia tempos visitaria o casal. A mesma cena ocorreu, como antes: mesma ida ao toalete, mesma escada. Dessa vez, porém, a pena tinha uma linda coloração marrom. Ela a colocou no bolso e decidiu que consultaria nosso livro *An Angel Forever* [Um anjo para sempre] para procurar o significado das cores das penas. Leu, nele, que o marrom simboliza a cura, o que era adequado, pois a amizade com sua hóspede estava sendo "restaurada" após muitos anos de separação.

O mundo dos espíritos oferece pistas, o tempo todo, às pessoas que as procuram. As pessoas comuns chamam essas pistas de coincidências.

DEEPAK CHOPRA

MÉDICO E CONSULTOR ESPIRITUAL

Dica especial do anjo

Na próxima vez em que estiver no jardim, ou caminhando pelo campo, procure a sua própria pena branca. Coloque-a em um lugar em que possa vê-la diariamente. Isso estimulará os anjos a visitá-lo. Conte com a ocorrência de milagres em sua vida. Quando um pequeno deles acontecer, agradeça e esteja preparado para milagres maiores, na seqüência.

Sua busca tem sido suficientemente profunda?

À medida que nos distanciamos da infância, tendemos a ignorar ou descartar as intuições. Nossa percepção do que é mágico ou misterioso talvez fique menos aguçada, e a vida cotidiana pode esconder de nossa vista, cada vez mais, a consciência do plano espiritual. A boa notícia é que nunca é tarde demais para recuperar esse caminho espiritual.

Permita aos anjos dar-lhe uma cutucadinha, pensando no passado. Talvez haja um momento de sua infância que se destaque. Você provavelmente sentiu-se atraído por uma atividade em particular, por alguém ou por um evento que provocou algum tipo de fascinação. Considere seu passado com atenção: talvez você tenha um talento, mas sua falta de confiança pode ter feito que ele não fosse revelado a um público maior.

Conhecemos dois amigos que se relacionam há 30 anos, mas que se vêem de maneira esporádica. No entanto, eles sabem que seus caminhos espirituais estão muito ligados e que, cedo ou tarde, se cruzarão novamente. A relação deles é de simbiose, e mesmo em épocas em que a distância física ficou grande receberam um sinal de que precisam estar juntos novamente. Ambos dizem que sentem a necessidade de manter um contato mais estreito, cientes de que seus anjos os aproximarão no momento certo – tal como ocorre com as peças de um xadrez.

Os amigos representam uma incrível manifestação de confiança e essa é, realmente, a chave para encontrar o caminho.

Meditação
Uma caminhada pelos jardins da confiança

Esta meditação ajudará você a ter confiança em que sua vida está transcorrendo como deveria, e que há uma conexão entre todos os acontecimentos nela presentes.

- Feche os olhos e respire profundamente... Sinta seu corpo relaxar, libere toda e qualquer tensão.
- Sinta a energia da Terra que penetra seu corpo. Perceba como essa energia lhe dá sustento, criando um espaço de segurança.
- Visualize, agora, a luz de energia que vem da fonte de afeto do universo, preenchendo todo o seu corpo. Veja a cor dessa luz, lembre-se de que ela é a cor perfeita para você, neste momento.
- Imagine-se em um amplo espaço, coberto de beleza. Nele, traga à mente um evento de sua vida passada de que você se arrepende. Você atribuiu a ele a qualificação de "ruim" ou "injusto"? Esteja atento às palavras que surgirem. Sinta a carga emocional que liga essas palavras a você.
- Quanto estiver pronto, afirme que não deseja mais fazer suposições ou gastar energia atribuindo valor a cada experiência.

- Nesse espaço recém-criado dentro de você, tome certo distanciamento, para enxergar a situação de uma perspectiva objetiva. Sinta como seu corpo é preenchido com gratidão e amor.
- Ao terminar esta meditação, respire profundamente. Saiba que o universo, através dos milagres que manifesta, começou a refletir sua confiança nele, devolvendo-a a você.

Estrela divina

É possível que tudo o que realmente precisemos fazer, a fim de trazer os anjos para mais perto de nós, seja criar um espaço pessoal, física e mentalmente. Talvez tenhamos de fazer uma "limpeza prévia no terreno" e dar tempo a nós mesmos para respirar espiritualmente. Todos merecem um momento para si mesmos, não importa quão ocupados estejam. Comece reservando apenas dez minutos, em determinada hora do dia, para sentar-se em estado de contemplação tranqüila, e peça a seu anjo que esteja com você. Se conseguir fazer isso diariamente, além de sentir-se mais calmo, os sinais e símbolos de seus anjos ficarão mais evidentes para você.

Um pássaro do paraíso

Gemma teve a sorte de ser criada na belíssima região dos lagos da Inglaterra. Quando criança, adorava os pássaros que visitavam seu jardim, e lembrava-se dos nomes deles. Seu predileto era o pequeno pica-peixe azul, que sempre a deslumbrava.

Um dia, Gemma saiu de casa para estudar na universidade, e depois encontrou um trabalho em Londres. Sempre pareceu haver, porém, uma conexão com pica-peixes em sua vida.

Aos 25 anos, ela se preparava para casar-se, em Londres. O grande dia chegou, com o sol brilhando e céu azul. Estava quase tudo pronto, e só lhe faltava esperar pelo buquê, que a floricultura local estava prestes a enviar. Por fim, a campainha tocou e o florista lhe entregou a caixa com o buquê de noiva.

Ao retirar as flores da caixa, Gemma ficou pasma de prazer, pois ali estava, aninhado entre as flores, um pica-peixe de brinquedo. Foi então que ela percebeu que o nome da floricultura era justamente Pica-Peixe [Kingfishers]. Agora o dia estava perfeito, pensou ela. Os anjos tinham se revelado através de seu pássaro predileto.

A comunicação com os anjos começa se você reconhece que eles estão presentes.

MURRAY STEINMAN
ESCRITOR

As cores e os anjos

Em ambas as histórias de encontros angelicais, tanto na de Gemma quanto na de Pam, a cor desempenha, como vimos, um papel importante.

A associação entre as cores e os anjos tem uma longa tradição. O teólogo Emanuel Swedenborg ensinou que as cores das vestimentas dos anjos correspondem à sua inteligência. As cores atribuídas aos sete arcanjos são:

Miguel azul
Jofiel amarelo
Samuel rosa
Gabriel branco
Rafael verde
Uriel roxo e dourado
Ezequiel violeta

Além do manto majestoso e das asas, que provam que eles são mais do que humanos, os anjos, na arte religiosa, são retratados com um halo. Alguns acreditam que o halo é, na verdade, uma representação da aura. A aura é a "atmosfera", ou energia sutil, que envolve cada ser vivo. Segundo as pessoas que estudam auras, sua cor e sua intensidade refletem o estado físico e emocional da pessoa.

A aura, com freqüência, é associada aos chacras, os círculos invisíveis de energia que, acredita-se, absorvem e transformam a energia universal conhecida como *prana* ou *chi*. São sete os chacras principais, e eles são representados por sete tons de luz. A ioga ensina que os sete chacras são:

Chacra básico vermelho
Chacra umbilical laranja
Chacra esplênico amarelo
Chacra cardíaco verde ou rosa
Chacra laríngeo azul-celeste
Chacra frontal azul
Chacra da coroa (coronário) violeta

A coroa, ou o topo da cabeça, é a parte do corpo que está mais perto do mundo espiritual e, curiosamente, muitas experiências envolvendo anjos incluem descrições deles trajando mantos azuis ou púrpura.

A luz celestial

Desde muito pequena, Dulce é capaz de ver luzes incomuns. Embora a vida não tenha sido invariavelmente generosa com ela, a aparição de luzes sempre foi suave e confortadora. Recentemente, no entanto, Dulce viu uma luz diferente das anteriores, quando se envolvia com a cura através de *reiki*. Ela descreveu-a como um "rosa escuro muito bonito", translúcido e que aparecia na forma de uma borboleta.

Algum tempo depois, num dia de verão, Dulce estava em seu quarto, quando de repente surgiu uma luz. Era semelhante ao rosa que ela tinha visto antes, mas, dessa vez, tinha uma sombra de azul. Uma vez mais, a luz era translúcida e o formato lhe lembrava o de uma borboleta.

O azul é considerado uma cor altamente espiritual e o rosa representa o amor. Portanto, esses incidentes representam, realmente, encontros muito próximos com os anjos.

Suas vestes são brancas, mas de um tom de branco que nada tem de mundano. Não consigo descrevê-lo, pois não é possível compará-lo com o branco de nosso mundo; é muito mais agradável para o olho. Esses anjos luminosos são envoltos por uma luz tão diferente da nossa, que qualquer coisa, em comparação, parecerá escura. Quando você vê um grupo deles, fica pasmo de admiração. Eles parecem cobertos com uma película dourada, movimentando-se constantemente, como vários sóis.

PADRE LAMY

PÁROCO (CERCA DE 1931)

Acender a luz

Em encontros com anjos, a presença de luz geralmente dá margem a confusão, embora ela freqüentemente apareça quando a pessoa que a recebe está espiritualmente receptiva. Praticantes de *reiki*, por exemplo, descrevem a visão de luzes concomitantemente à percepção de uma presença espiritual no ambiente, como ocorreu com Dulce.

A luz é a essência dos anjos e sempre foi uma fonte de maravilhamento. Tanto a luz das estrelas quanto a do sol têm papel central na história do progresso humano.

Sabemos, hoje, que o universo é carregado de energia sob a forma de ondas eletromagnéticas de luz. Se as ondas eletromagnéticas, em cada extremidade do espectro, são invisíveis ao nosso olho e, mesmo assim, conseguimos sentir os efeitos de sua presença, por que isso não se aplicaria aos anjos? Afinal, eles são seres feitos de pura luz e energia.

Em Yellowknife, no Canadá, um fato notável foi registrado, envolvendo a luz da aurora boreal, conhecida como a "luz setentrional". Tal luz adquire a forma de ondas de cores no céu, algo sem paralelo na natureza. Pesquisas feitas em Yellowknife revelaram que uma grande porcentagem de habitantes da região, além de ver a aurora boreal, conseguem "ouvi-la" também! Muitos comentaram que acreditavam ser, esse, o som de anjos cantando!

A construção de uma ponte até o paraíso

Mesmo com o apoio dos anjos, talvez leve tempo para que você adquira confiança. Tenha paciência: se você viveu boa parte de sua existência mergulhado na dúvida, não passará a ter uma confiança inequívoca da noite para o dia. Lembre-se de que o mais importante não é o que acontece em sua vida, mas a maneira como você lida com isso e a forma como reage. Um passo por vez é a melhor forma de caminhar. Tenha determinação: não há nada que não possa ser mudado, se você realmente deseja fazer isso.

Suas reflexões pertencem somente a você – ninguém mais tem o poder de controlá-las. Os pensamentos deflagram a ação – portanto, quanto mais positivos forem eles, mais positivos serão seus atos. Se você der aos outros sinais de confiança, eles, por sua vez, começarão a confiar em você. O exercício abaixo ajudará você a mudar sua mentalidade, da falta de confiança para a presença dela, e para a abundância.

Exercício
Confiar na abundância natural da vida

Já lhe ocorreu, alguma vez, achar que não tem tempo ou dinheiro suficientes? Abaixo, estão alguns passos que estimularão a confiança e a abundância a fluir imediatamente em sua vida, uma vez mais.

1. Ouça atentamente seu anjo interior – você tem o poder de criar suas riquezas pessoais, através de seus pensamentos e de sua atitude.
2. A prosperidade está relacionada a muito mais do que simplesmente o dinheiro ou as coisas materiais, do que a diferença entre os que têm e os que não têm. Pense na beleza do céu, em todo o verde ao seu redor, na graça do mundo animal. Você pertence à ordem natural das coisas, faz parte da abundância e da harmonia do universo.
3. Lembre-se da última vez em que experimentou uma sensação de bem-estar e de satisfação. Quando você se sente uma pessoa próspera, sua atitude se torna positiva, você fica generoso e irradia sentimentos de confiança plena e de abundância.
4. Para criar unidade em sua vida, sua mente, seu corpo e suas crenças devem trabalhar harmoniosamente, confiantes em que a abundância e a prosperidade constituem sua herança natural.
5. Toda vez que uma crise financeira aparecer, passe a concentrar sua atenção em uma resolução potencialmente positiva, ou numa bênção que você já possui. Doe algo, sem preocupação com a falta que isso possa lhe fazer, e mostre um gesto de bondade em relação a alguém. Tais ações atrairão a generosidade de outros, ao mesmo tempo que mostrarão que seus recursos são muitos, tendo você ou não dinheiro no banco.
6. Caso sentimentos de baixa auto-estima estejam afetando sua capacidade de confiar na benevolência da vida, lembre-

se: quando nos sentimos assim, criamos um vazio na crença dentro de nós mesmos. Todo ser espiritual possui muitas riquezas dentro de si, em todos os momentos. Use sua mente, esse instrumento poderoso, para descobrir quais são essas riquezas.

7. Você talvez se sinta como se tivesse de suportar tudo sozinho. Comece pedindo ajuda a seus anjos quando surgir uma dificuldade ou uma situação estressante. Então, relaxe e deixe que eles assumam o controle. Você não está sozinho no mundo.

Afirmação

Tenho o direito de aproveitar cem por cento de tudo aquilo que faço.
Mereço ter uma vida incrível!

Aprender a desapegar-se: a pena de Anne

Anne estava tendo enorme dificuldade para aceitar a morte de seu pai muito querido, Robert. A doença dele tinha sido dolorosa, e o vazio deixado no coração de Anne era grande. Uma maneira que ela encontrou de lidar com esse sentimento foi visitar diariamente sua irmã. Meses se passaram, e a tristeza dela não cedia.

Um dia, sua irmã sugeriu fazerem uma caminhada, e Anne concordou. As duas penetraram fundo na paisagem do campo e, de repente, viram uma árvore enorme e muito bonita. Anne ficou emocionada ao descobrir, em sua base, uma grande pena branca. Apanhou-a, colocou-a na bolsa e levou-a para casa. Prometeu guardá-la, confiante em que aquilo era um sinal dos anjos.

Cinco anos mais tarde, a vida de Anne estava num momento de grande confusão, e ela percebeu o mesmo estado de nervosismo, uma vez mais. Dessa vez, ela estava prestes a partir para uma viagem à região dos lagos. Após arrumar as malas e limpar a casa toda, descobriu, para seu espanto, uma enorme pena branca sobre o pequeno tapete da cozinha, num lugar que ela havia acabado de limpar. Apanhou-a e experimentou uma grande sensação de calma. Sabia que, uma vez mais, os anjos estavam por perto, quando ela mais precisava deles.

Confiar nos anjos tornou-se uma parte importante da vida de Anne.

Exercício
Registre o seu próprio compromisso com a confiança

Em seu "Diário do anjo" ou abaixo, escreva um bilhete encorajador a você mesmo, afirmando o seu orgulho por fazer um compromisso com o trabalho neste livro.

Meu compromisso com a confiança

____

____

____

____

____

Data ______________

Progressos em relação à confiança

Para deixar a confiança se instalar em sua vida, comece a desacelerar. Você não precisa controlar tudo ao seu redor com mão de ferro. Distancie-se um pouco e deixe que os acontecimentos se desenrolem à sua frente, sem a necessidade de forçá-los. E abra os olhos: o universo está sempre enviando mensagens a você, através dos sinais sutis e símbolos que estão ao seu redor.

Destaques a ponderar

Confio nos anjos para me guiar a cada dia.
Confio em meu próprio julgamento.
Tenho fé na bondade das outras pessoas.
Peço conselho a meus amigos e confio no julgamento deles.
Tenho confiança em meus sonhos e vou segui-los.
Aprenderei a delegar trabalho e a confiar em que será feito.
Vivo em um mundo próspero e abundante.

5

A estrela da coragem

Para ser bem-sucedido na carreira ou no empreendimento profissional que escolheu, você deve libertar-se de qualquer condicionamento cármico que afirme "Não sou capaz de fazer isso". Você é!

Deepak Chopra

Médico e consultor espiritual

O aprendizado da coragem

A estrela da coragem está relacionada a uma virtude que aparece em circunstâncias variadas, desde ações cotidianas, como enfrentar a ida ao dentista, até acontecimentos que transformam nossa vida, tais como crises financeiras. Uma coisa é certa: haverá momentos de provação em nossa vida, em que precisaremos de coragem.

Nesses momentos desafiadores, podemos nos sentir tentados a olhar em retrospecto, buscando inspiração nos atos corajosos de homens e mulheres ao longo da história. Enquanto procuramos algo externamente, no entanto, podemos ter a certeza de que temos uma dose de coragem escondida dentro de nós mesmos. Contudo, pode ser necessário certo esforço para realizar nosso potencial interno.

Reconheça que você é a fonte de todas as suas manifestações.

Cherie Carter-Scott

Profissional de life coach

Dica especial do anjo

Existe um tipo de coragem que nasce do ato de enfrentar nossos próprios erros e os de outras pessoas com honestidade e serenidade. Quando conseguimos isso, somos menos afetados pelas ações e palavras alheias. Isso nos dá coragem para nos voltarmos para nosso interior, libertando-nos do passado e confiando no presente.

Coragem no dia-a-dia

Ainda que não tenhamos a total compreensão de quanto afetamos o mundo, é um erro pensar que nossa vida diária não tem importância ou não afeta as outras pessoas. Devemos pensar em nós mesmos como seres poderosos, pois isso é o que somos.

O que você deseja? Que tipo de pessoa quer ser?

Ter clareza é ter poder. Uma vez que você saiba o que deseja, o caminho será facilitado. Deixe a região "do meio". Se o início consiste em saber aquilo que você deseja, o estágio "do meio" tem a ver com todas as questões que você levanta, imaginando de que modo atingirá o que quer. Esse estágio é o da preocupação e do medo: "Como posso fazer com que isso aconteça? E se não funcionar?" A mente é capaz de produzir muitos obstáculos e desculpas.

É hora de deixar para trás todos os "talvez", "mais tarde" e "não sei". Trata-se de uma atitude, é tudo. Comece tendo clareza, e daí passe diretamente à atitude da coragem. Em vez de se apresentar, em um relacionamento ou no trabalho, com a energia insossa "do meio", mostre-se com a energia do resultado final. A energia que você apresentar é aquela que criará sua vida. Quando pensa em si mesmo como um ser poderoso, sabendo quem é, você passa a manifestar as coisas imediatamente.

A vida é tão extraordinária e mágica que, quando você opera a partir dessa energia de alta vibração, na qual tudo é possível, as coisas tornam-se simples.

Afirmação

Hoje e todos os dias, tenho uma coragem que é ilimitada.

Nos braços de um anjo

O alpinismo era a paixão de William. Ele adorava o desafio dessa atividade. Um dia, quando tinha por volta de 20 anos, estava escalando o Ilkley Moor, no Yorkshire, e chegou às rochas Cow and Calf. De maneira insensata, decidiu escalá-las, embora estivesse sozinho e não carregasse cordas apropriadas consigo. Um lado desses rochedos é especialmente difícil, um lugar escalado por alpinistas famosos.

William estava na metade de sua escalada quando se desequilibrou. Um de seus pés escorregou na rocha, ao mesmo tempo que sentiu cãibras nos dedos. Ele foi empurrado para trás e, começando a cair, praticamente visualizou o inevitável choque que se seguiria. Sentiu a terrível perda de contato com a superfície e percebeu que ia se precipitar em direção ao vazio. Nenhuma chance de recuperação, nesse momento!

De repente, com espanto, sentiu uma mão firme no meio de suas costas, que o empurrava de volta para a superfície da rocha. Não sentia mais a cãibra nos dedos e pôde continuar o caminho para o alto, com segurança. Impressionado, ainda olhou para baixo, pensando que, embora parecesse impossível, alguém podia estar atrás dele.

Que explicação poderia haver, no entanto, para essa misteriosa mão salvadora? William concluiu que somente pode ter sido a mão de um anjo da guarda, que veio salvá-lo.

Sempre saiba o momento em que excedeu seus limites
E traga a si mesmo de volta ao ponto de equilíbrio.

Leon Nacson
Editor

Estrela divina

É preciso ter coragem emocional para olhar para si mesmo e estar disposto a mudar aquilo que não lhe agrada.

Meditação
A montanha da coragem

Além de conectar William com seu anjo da guarda, sua experiência no topo da montanha deu-lhe a chance de reconsiderar sua atitude em relação ao alpinismo. Às vezes, é mais sábio não fazê-lo sozinho. Esta meditação usa o pico da montanha como um lugar de reflexão, e para que você manifeste seus próprios desejos.

- Feche os olhos e respire fundo. Sinta seu corpo relaxar.
- Imagine-se no topo de uma montanha. Você conseguiu chegar aqui. Olhe ao redor e observe a beleza de tudo o que está ao alcance de sua vista. Enquanto observa os milagres que o cercam, reconheça que você está no centro deles.
- Respire fundo e afirme para si mesmo: "Sou corajoso". Inspire essa realidade e então expire-a.
- Você sabe o que deseja. Afirme seu desejo como se ele já tivesse sido realizado. Ele já foi alcançado. Acredite que você já criou essa realidade.

- Enquanto olha em todas as direções, a partir do topo da montanha, diga a todos e à paisagem ao seu redor que você já aceitou o resultado final de tudo, para si mesmo. Observe como as cores ficam mais vivas, celebrando com você.
- Nesse espírito de enorme coragem, o que mais você deseja? Há alguém com quem você gostaria de celebrar? Vá até essa pessoa.
- Você é a coragem, você manifestou o seu desejo. Essa realidade é, agora, palpável.
- Quando sentir que a celebração está completa, volte para um espaço seu, que lhe ofereça uma sensação de proteção, que seja bonito, sereno e especial. Ao sair desta meditação, lentamente, continue a perceber sua realidade e afirme novamente: "Sou corajoso".

Afirmação

Hoje, aceito a enorme abundância que existe em minha vida. Sou uma pessoa próspera e agradeço por toda a beleza que me cerca de todos os lados.

Dica especial do anjo

Comece cada dia fazendo uma lista das várias maneiras como pode caminhar em direção a seus objetivos. Ninguém, com exceção de você, tem controle de sua felicidade. Por isso, você tem o poder de mudar qualquer coisa a seu respeito, ou a respeito de sua vida.

Aproveite o dia

O dicionário nos diz que coragem é sinônimo de bravura, força moral e vigor, mas todas essas qualidades podem se manifestar de uma imensa variedade de modos. Pode-se, por exemplo, continuar levando a vida com alegria e esperança frente a uma doença debilitadora, ou aprender a lidar com a morte de um parente querido. Todas essas são atitudes corajosas.

Aproveitar ao máximo as oportunidades que a vida oferece requer certo grau de vigor, e pode às vezes parecer mais fácil ignorar os desafios e simplesmente seguir com a correnteza.

Recebemos o presente de escolher entre agir com base em nossas opções ou descartá-las, como melhor entendermos; são as escolhas que fazemos que determinarão nosso caminho.

Recentemente, um programa de televisão apresentou uma entrevista com uma jovem que teve ambas as mãos decepadas em um acidente de fábrica. A habilidade impressionante do cirurgião possibilitou à mulher ter as mãos reincorporadas ao corpo de maneira bem-sucedida: elas passaram a funcionar de forma virtualmente completa, como antes. O repórter perguntou-lhe como lidou com a situação, e se ela se sentiu deprimida. A mulher sorriu e disse: "Nunca me senti deprimida com essa situação, nunca me passou pela cabeça a pergunta 'Por que eu?' Existem tantas outras pessoas com problemas mais sérios que o meu", disse essa mulher notável. Mãe de três crianças pequenas, ela era o próprio modelo ideal da bravura e da força moral.

Você não conseguirá ser corajoso se somente lhe aconteceram coisas maravilhosas.

Mary Tyler Moore
Atriz

A coragem de prosseguir até o final

Pode ser particularmente difícil mostrar coragem quando nos encontramos numa situação fora de nosso controle imediato, e é então necessária uma dose de força moral para permanecer otimista, mesmo sabendo que temos o apoio e a boa vontade dos outros. Ver alguém sofrendo pode ser uma experiência de partir o coração, especialmente se essa pessoa é um ente querido.

O sinal perfeito

Três anos atrás, Thomas nasceu, seis semanas antes da data prevista. Como se essa complicação não fosse suficiente, ele também apresentou problemas no coração, o que tornou necessária uma cirurgia. Fiona e Andrew, seus pais, completamente tomados pela preocupação, não saíram do lado do bebê durante semanas, até que ele estivesse pronto para enfrentar a cirurgia.

"Rezei a Deus para que me desse coragem para enfrentar aquelas horas terríveis", admitiu Fiona. E, para seu alívio, a cirurgia transcorreu bem.

As 24 horas seguintes à operação seriam críticas, e os dois passaram a noite com o filho, atentos o tempo todo à sua respiração. O dia raiou, e Fiona saiu para tomar um café. Enquanto caminhava em direção à recepção, ela olhou para fora da janela, e viu-se fazendo um apelo ao anjo da guarda de Thomas: "Por favor, dê-nos um sinal, para que eu saiba que não estamos sozinhos".

Nesse instante, um enorme balão vermelho com formato de coração passou no céu, e Fiona prendeu a respiração. Ela rapidamente correu para ver de onde ele vinha. Não havia ninguém ao redor. "Terá sido esse o sinal?" Aquilo parecia coincidência demais.

Ela voltou rapidamente para junto de sua família, e uma sensação de otimismo tomava conta dela, agora. Todos sorriam. "Ele está indo muito bem." Fiona soube, então, que os anjos a tinham ouvido, e respondido da maneira apropriada.

O dilema de Jane

Chloe tinha 18 meses de idade e, num dia de primavera, brincava sentada no tapete da sala. Sua mãe, Jane, estava ocupada com as tarefas de casa, entre elas a lavagem da roupa. O barulho da máquina de lavar cessou e Jane foi tirar as roupas de dentro para secar. Uma das peças era um cobertor do berço de Chloe, que ela gostaria que secasse rápido, para usá-lo já naquela mesma noite. Espiou para dentro, para dar uma olhada em Chloe, e notou que ela estava absorvida em suas brincadeiras. Decidiu, então, correr até o jardim para pendurar o cobertor no varal.

Ao voltar correndo em direção à porta da cozinha, Jane percebeu, para seu horror, que a porta estava trancada. O ferrolho estava no lugar e por isso Jane não conseguia abri-la. Chloe tinha conseguido mexer nele, trancando a porta. Olhando para sua mãe pela janela, a garotinha começou a chorar alto, e Jane entrava, agora, em pânico. Ela notou que a janela também estava trancada por dentro.

Acalmando-se um pouco, tentou fazer Chloe abrir a tranca. Chloe não entendia a mãe, e chorava ainda mais alto. A casa ficava um pouco isolada das demais, e Jane temia deixar sua filha sozinha, enquanto buscava ajuda. O que fazer? Jane pediu auxílio a seu anjo da guarda.

Nesse momento, Chloe parou de chorar. Uma vez mais, Jane aproximou-se da pesada porta e tentou abri-la. Instantaneamente, a porta se abriu por completo! Correndo para dentro, ela deu um forte abraço em sua filha.

Só havia uma explicação para o que havia acontecido: a ajuda tinha chegado na forma de um anjo. Jane reuniu as forças e a coragem para pedir ajuda e até hoje defende essa explicação, não importa o que os outros digam.

Dica especial do anjo

Deposite toda a sua fé nos anjos. Peça ajuda e eles não falharão. Nenhuma tarefa é pequena demais, nenhum problema é considerado insignificante: você será atendido com amor.

A coragem de suas convicções e o "atendimento cósmico de pedidos"

Existem muitos livros à disposição, hoje, sobre o chamado "atendimento cósmico de pedidos". Segundo essa crença, uma pessoa comunica seus mais profundos desejos ao cosmo, que então os satisfaz.

No entanto, diríamos que não há nada de novo no conceito do "atendimento cósmico". Ao entrar em contato com os anjos, como fazemos há milhares de anos, estamos pedindo ajuda a uma força superior. Portanto, esse "atendimento" tem a ver com pedidos feitos aos anjos, só que com outro nome!

Muitas fés, em todo o mundo, ensinam esses princípios. Mateus e Marcos, discípulos de Jesus, escreveram em seus evangelhos que Jesus disse: "Peça e lhe será dado". O único requisito é que verdadeiramente acreditemos que essa ajuda nos será concedida.

Sim, realmente, existe um anjo do estacionamento!

Em um *workshop* recente, uma jovem nos falou sobre as ocasiões em que pediu a seu anjo que lhe encontrasse uma vaga para estacionar e que sempre foi atendida.

Uma outra jovem, chamada Christina, disse que pouco tempo antes tinha ido ao hospital visitar a mãe, gravemente doente, e estava aflita com a possibilidade de não achar um lugar para estacionar. Silenciosamente, quase sem se aperceber disso, ela pediu que uma vaga surgisse. No mesmo instante, bem na frente do hospital, um carro deu ré e um homem apareceu, acenando para que ela ocupasse a vaga. Até então, ela jamais tinha associado os dois fatos, a prece silenciosa e o lugar livre que surgiu.

> **Estrela divina**
>
> As definições de "anjo" vão de "ser espiritual imortal que acompanha Deus" a "pessoa generosa e agradável". Você também pode ser um anjo na vida de alguém.

Exercício
Declare abertamente sua posição

Você tem a coragem de agir de acordo com suas convicções? Em que você acredita? O que o leva a ter reações emocionadas? Com o que você se preocupa?

Leia o jornal ou ouça o noticiário. Que injustiças você gostaria de ver reparadas? O que você fará a respeito?

- Hoje, você começará a mudar o mundo. A extensão da ação que você vai empreender dependerá de você.
- Se estiver preocupado com o estado em que o meio ambiente se encontra, você poderá unir-se a um grupo local, organizar um grupo de vizinhos para limpar as ruas onde moram, reciclar o lixo doméstico da vizinhança etc.
- Se quiser agir contra a pobreza e a fome, considere maneiras de contribuir para instituições de caridade, coletando dinheiro para a causa que considere mais importante. Ou simplesmente reduza suas despesas e doe parte de sua renda para essas instituições, a cada mês.

A coragem de ousar

Às vezes, é necessária uma grande dose de confiança para dar um salto em direção ao desconhecido. Pode ser muito mais confortável escolher o caminho seguro. Mas, a menos que estejamos preparados para correr riscos, talvez percamos a oportunidade de desfrutar das coisas mais estimulantes na vida.

Quando confrontar-se com um dilema, peça ajuda a seus anjos; é possível que eles já tenham colocado a decisão quanto à escolha bem à sua frente. Medite e concentre-se. Você saberá, instintivamente, por meio de sua voz interior, o que fazer. Quantas vezes você já ignorou essa voz, para dizer depois: "Eu sabia que não devia ter feito isso"? Tenha a coragem de acreditar que sua voz interior pode ser o seu anjo da guarda guiando você com gentileza para o caminho certo.

Encontre seu caminho na vida, comece uma nova atividade, conheça alguém, leia um livro, escolha um caminho novo, saia de sua existência mundana do dia-a-dia. Dê a ela um novo ritmo e expanda seus limites.

TAVIS SMILEY

Os anjos proporcionam conforto e coragem

Às vezes, a coragem se apresenta de maneira inesperada. A história de Margaret é um bom exemplo disso.

Ela decidiu iniciar um curso na universidade, muito além da época em que normalmente se faz isso. Não seria fácil, ela sabia que teria de dar duro, e perguntava-se, no íntimo, se estaria pronta para o desafio.

À medida que o tempo passava, Margaret começou a sentir sua coragem e autoconfiança desmoronarem. A cada dia pensava mais que não daria conta das exigências do trabalho acadêmico.

Certa manhã, acordou e simplesmente não quis sair da cama. Estava tomada por pensamentos negativos e sentia-se terrivelmente frustrada. Forçando a si mesma, no entanto, sentou-se e disse: "OK, se tenho um anjo da guarda, por favor me dê um sinal". Sentindo-se melhor por ter feito o pedido, saiu da cama e começou a se preparar para enfrentar o dia.

Após o café-da-manhã, ligou o computador e, para sua surpresa, lá estava uma mensagem de *e-mail* de um de seus professores. Ele perguntava a Margaret se poderia usar um dos trabalhos dela como modelo para outro aluno. Disse que o trabalho estava excelente, e que seria de grande valia para os demais! Poderia haver maior prova de que Margaret estava mais do que apta para o trabalho acadêmico? Sabendo que esse era, certamente, o sinal que havia pedido, Margaret agradeceu a seu anjo por uma resposta tão rápida!

Exercício
Tenha a coragem de ser generoso consigo mesmo

Uma área da vida que exige coragem é a capacidade de divertir-se. A sua reação inicial talvez seja: por que é que isso requer coragem? Bem, acredite ou não, muitas pessoas têm receio de divertir-se.

Psicólogos, médicos e teólogos recomendam uma boa gargalhada para sentir-se melhor. Já está provado que, se rirmos mais, nossos problemas físicos e psicológicos serão amenizados e nossa saúde, em geral, melhorará. Na verdade, as estatísticas revelam que vivemos mais se rimos muito!

Se o seu senso de dever é rígido, talvez você não coloque a diversão em sua lista de prioridades. O trabalho, de uma forma ou de outra, pode estar dominando sua vida. Não deixe que isso aconteça. Tire um dia de folga, telefone para um amigo e façam algo relaxante juntos. Aqui vão algumas sugestões para que você comece:

1. Saia para um "chá da tarde" e peça uma generosa fatia de bolo de chocolate.
2. Aprenda uma piada nova e conte-a a seus amigos e vizinhos.
3. Vá a uma cafeteria e simplesmente fique vendo o movimento ao redor.
4. Vá ao cinema com amigos.
5. Vá nadar. Se não sabe, matricule-se em um curso!
6. Faça uma viagem ao litoral.
7. Reserve um dia inteiro num spa. Permita-se todo tratamento que estiver disponível!
8. Compre flores para si mesmo.
9. Tire a bicicleta da garagem e dê uma volta.
10. Mude o corte de cabelo, ou mesmo a cor dele.
11. Leve o cachorro para passear ou gaste alguns minutos acariciando o gato.
12. Compre ou semeie uma planta. Converse com a planta à medida que ela for crescendo.
13. Sente-se no banco de um parque com seu livro predileto.

É tempo de ter coragem

Tenha coragem suficiente para desacelerar e mudar o ritmo de sua vida, ainda que seja somente por um dia da semana. Você merece tempo para recuar e avaliar o que realmente lhe é necessário.

Cada vida humana tem um período finito na terra; precisamos, portanto, usar esse tempo de maneira sábia. Com que freqüência você se encontra com amigos, sem que haja qualquer pretexto, pelo simples prazer de estar juntos?

Deixe a luz de sua estrela brilhar!

É chegada a hora de fazer uma "revisão" em sua vida e de descobrir que tipo de ações você poderia empreender para expressar suas capacidades e explorar seu potencial. Talentos escondidos não têm a menor utilidade para ninguém: permita que os outros desfrutem deles.

Há muitas coisas diferentes na vida a ser tentadas. Às vezes, achamos que atividades estimulantes estão além de nossa capacidade, em termos de dinheiro ou de tempo. Em seu "Diário do anjo", escreva uma dezena de atividades pelas quais você se interessa.

É necessário ter coragem para romper com velhos hábitos enraizados. Conscientemente, abandone pensamentos como "Não consigo...", "O que fulano irá pensar...", "Estou velho demais...", "Não tenho tempo..."

Quando alguém lhe pedir que faça alguma tarefa entediante, tenha coragem e diga: "Desculpe, mas não tenho tempo". Faça uma faxina em seu ambiente de trabalho e em sua casa.

Cada semana coloca 168 horas preciosas à nossa disposição.
Gastamos aproximadamente 56 horas com o sono e com o repouso,
Cerca de 28 horas para comer e para tarefas pessoais,
De 40 a 50 horas com nosso trabalho.
Restam de 30 a 40 horas semanais, para ser gastas do modo que
Quisermos, mas como é que as aproveitamos?

Anon

Exercício
Pensamentos temerosos *vs.* pensamentos corajosos

Você está pronto para assumir a responsabilidade por sua vida e acolher o futuro? Vejamos quais são suas crenças atuais e se elas mudaram desde que você começou a ler este livro.

Você precisará de:

Um amigo ou companheiro (alguém que seja um bom ouvinte e que não julgue nem faça comentários)

Seu "Diário do anjo"

Passo 1

Seu amigo lhe pergunta: Qual é o maior medo que você tem em relação a sua vida?

Sua resposta, em voz alta: ______________________________

Ele: O que você gostaria de mudar em sua vida, ou em sua situação atual?

Você: ______________________________

Passo 2

Uma vez que você tenha determinado os elementos-chave de sua situação atual / de sua vida, ele lhe faz as seguintes perguntas:

Ele: Quais são as crenças que estão criando essa situação?

Você: ______________________________

Ele: Que tipo de experiência está reforçando essas crenças, em sua opinião?

Você: ______________________________

Passo 3

Responda às seguintes questões:

1. Que crenças poderiam levar VOCÊ a ter sucesso na vida?

____

2. Que crenças poderiam levar VOCÊ a ter uma vida de abundância e de coragem?

____

3. Que crenças poderiam levar VOCÊ a confiar no universo e a viver em meio à verdadeira mágica da realidade espiritual?

____

Tenha coragem, cultive a beleza!

Você também tem a capacidade de fazer qualquer coisa que o amedronte. Agarre a coragem com ambas as mãos e saia para enfrentar o mundo. Esta é a sua vida, não se trata de um ensaio. Viver nem sempre é fácil e talvez você precise buscar seus recursos internos para encarar os desafios que se apresentam. Nesse caso, fique sossegado, pois seus anjos lhe darão apoio nos momentos difíceis, sempre que você precisar deles.

Destaques a ponderar

Estou começando uma nova atividade.
Posso dizer "não" com um sorriso.
Reconheço meu medo e sigo em frente.
Peço a outros que me ajudem, quando necessário.
Dou a mim mesmo a dádiva do tempo.
Estou feliz por arriscar e por confiar em que meu anjo cuidará de mim.
Não tenho medo de mudanças.

6

A estrela da paz

Que haja paz na Terra
E que isso comece comigo
Que haja paz na Terra
A paz que deveria existir

Que a paz comece comigo
Que este seja o momento
Com cada passo que eu der
Que este seja meu voto solene.

Sy Miller e Jill Jackson

O anseio pela paz, hoje

A estrela da paz abrange a paz em todas as suas formas. No entanto, nos concentraremos, aqui, no assunto da paz interior, e como ela pode ser alcançada.

Lidar com as demandas do mundo agitado de hoje pode ser bem difícil. Uma expressão é bastante comum, sobretudo entre os mais jovens: "Estou tão estressado". Uma senhora observou, certa vez, que os jovens não conhecem mais o significado do trabalho árduo. A concepção de trabalho árduo, hoje, é freqüentemente a daquele que requer o uso da mente.

Períodos longos de concentração e uma carga de trabalho pesada, além de nos deixar mentalmente esgotados, podem levar a problemas físicos. Dores de cabeça, fadiga e doenças devidas ao esforço repetitivo, tudo isso contribui para um estilo de vida estressante. É essencial que encontremos maneiras de aliviar esse estresse. A ioga, o *tai chi*, a meditação e caminhadas são atividades benéficas que se podem incorporar a nossa vida.

Quaisquer que sejam as circunstâncias, seja sua família pequena ou grande, é importante, para sua saúde física e mental, que você encontre paz interior. Quando você se sente relaxado e feliz, todas as demais áreas de seu corpo ficam em equilíbrio.

A fim de criar tempo para si mesmo, você talvez tenha de estabelecer prioridades, deixar algumas tarefas de lado ou abrir mão do envolvimento em diversas atividades, admitindo que não é possível fazer tudo.

Considere o fato de que, quanto mais relaxado e em paz você estiver, mais bem equipado estará para lidar com as demandas da vida. E lembre-se: você não está sozinho nisso. O seu anjo da paz está disposto a ajudar. Tudo o que você tem a fazer é lhe pedir auxílio.

> *Saia de vez em quando, reserve um tempo para relaxar. Assim, quando voltar a seu trabalho, sua capacidade de julgamento estará mais precisa. Permanecer constantemente ligado ao trabalho fará que você perca sua capacidade de julgamento.*
>
> **Leonardo da Vinci**
> Artista e inventor (1452-1519)

Afirmação

Hoje, estou em paz.

Um passarinho contou a ela!

A história de Trisha revela a importância de buscar um espaço pessoal no qual a paz interior possa ser encontrada.

Era o início de fevereiro, e a geada caía sobre as folhas, do lado de fora. O sol fazia Trisha sentir-se reconfortada. Tinha sido uma oportunidade enviada por Deus, julgava Trisha. Dois amigos próximos lhe haviam oferecido a estadia em sua bonita casa no campo, enquanto eles sairiam para esquiar, durante uma semana. Tudo o que ela precisava fazer era dar comida aos três gatos da casa, um arranjo perfeito. A oferta tinha vindo em boa hora: Trisha estava mesmo precisando de paz, tranqüilidade e tempo para refletir.

Embora tivessem decorrido seis meses desde que Trisha terminara um relacionamento de longa data, era, ainda, um momento muito delicado. E havia, agora, uma nova possibilidade estimulante: recebera uma oferta de trabalho fora do país, uma perspectiva que a excitava e amedrontava ao mesmo tempo. Ali, naquela magnífica paisagem, ela tinha a oportunidade de ponderar os prós e os contras da decisão.

Ruth, a melhor amiga de Trisha, aconselhou-a a pedir aos anjos que lhe enviassem um sinal. Ela achava pouco provável que isso pudesse acontecer, mas, sentada em um pequeno banco perto da janela da cozinha, Trisha pediu silenciosamente aos anjos um sinal de que tudo daria certo. Um movimento repentino chamou a atenção de Trisha e ela, para seu deleite, viu um pequeno pintarroxo pousar no banco. Sorrindo, disse ao passarinho: "Você me fez ganhar o dia!"

No dia seguinte, ao entrar na cozinha para preparar o café-da-manhã, ela viu o pintarroxo pousar novamente no batente da janela e olhar fixamente para ela. "Quem dera você pudesse falar", pensou. "Eu me pergunto o que é que deseja me dizer."

Logo chegou sexta-feira, seu penúltimo dia no lugar. Tinha sido uma revelação ter tanto tempo disponível para si mesma. Era de manhã, e Trisha levou seu café até o banco, uma vez mais. Bem na hora, seu pintarroxo apareceu novamente e pousou no braço do banco. Ela percebeu, aquela manhã, que tinha tomado uma decisão: aceitaria o trabalho.

O dia de sábado amanheceu. Trisha fez as malas, estava pronta para partir. Tomou seu café no mesmo lugar de sempre, mas ficou muito desapontada quando não encontrou o pintarroxo no lugar de sempre.

Seus amigos chegaram, e ela lhes comunicou a decisão que tomara. Rindo de maneira constrangida, disse então que tinha pedido aos anjos que mandassem um sinal para ajudá-la, mas que não recebera nada. "Ainda assim, fiquei amiga de um pequeno pintarroxo e falei a ele sobre meu problema", disse, achando um pouco de graça no fato.

Um dos amigos olhou-a de volta e disse: "Você nunca ouviu dizer que os pintarroxos são um conhecido sinal dos anjos?"

Trisha ficou pasma. De repente, tudo se encaixou: o passarinho tinha ficado a seu lado até que sua decisão fosse tomada, e essa manhã ele sabia que então sua presença era dispensável! Que revelação!, pensou ela.

Comece com pequenas coisas, pense grande

Se todos conseguirmos alcançar um pouco de paz interior, isso certamente terá um efeito dominó entre as pessoas que nos cercam – e quem pode saber até onde irá essa influência? De fato, muitos dos maiores movimentos pela paz no mundo foram inspirados individualmente. Um dos episódios-chave do movimento afro-americano pelos direitos civis nos EUA foi desencadeado por Rosa Parks, quando ela simplesmente, de maneira firme, recusou-se a ceder seu assento no ônibus.

De maneira semelhante, o movimento pela paz dos anos 1960 teve um início modesto mas acabou tendo um impacto enorme na sociedade. Glennyce lembra-se de que morava em San Francisco, quando jovem, e vivenciou aquele clima de amor e de paz. A Segunda Guerra Mundial acabara havia somente 15 anos, e as pessoas queriam fazer amor, e não a guerra, e pediam isso em seus cartazes. Os anos 1960 trouxeram tamanha liberdade a um mundo oprimido que o anseio pela paz era palpável.

Podemos certamente aproveitar um pouco daquele espírito de paz no mundo de hoje, dilacerado pela guerra. Os cristãos cantam pela paz no mundo, e todas as maiores religiões expressam seu desejo de paz.

Talvez nos sintamos impotentes para fazer diferença neste mundo, mas o fato é que, se encontrarmos a paz interior, nós a transmitiremos aos demais. Ela fluirá, crescerá, alcançando áreas que nunca imaginamos ser possível atingir.

Tenha paz dentro de seu coração, e milhares ao seu redor serão curados.

São Serafim de Sarov

Tornar significativo cada momento

Alcançar a paz global pode parecer um objetivo inalcançável quando, no dia-a-dia, tantos de nós têm de lidar com ansiedades, preocupações e dúvidas. A multiplicidade de tarefas tornou-se, em muitos casos, o estilo de vida normal, particularmente no caso das mulheres. A necessidade de percorrer grandes distâncias, em viagens, e de conviver com a tecnologia moderna contribui para as exigências da vida no século XXI. Preocupamo-nos, também, por nossos filhos, já que existem diversas atividades e áreas do conhecimento com as quais esperamos que eles se envolvam.

Glennyce conhece uma pessoa que trabalhava de forma extremamente árdua para seu patrão, chegando a gastar fins de semana preciosos no local de trabalho, para que tudo corresse bem. Após 25 anos de lealdade à empresa, ela recebeu uma carta por meio da qual lhe comunicaram que seus serviços não eram mais necessários. Não houve agradecimento especial por seu trabalho, nada de festa, flores, cartões, nem mesmo um drinque com os colegas; ela simplesmente limpou sua escrivaninha e partiu. E não teve sequer a oportunidade de recuperar aqueles fins de semana perdidos ou compensar o tempo que passou fazendo horas extras.

Ela recorreu ao seu anjo, e no dia seguinte, numa hora em que normalmente estaria no emprego, seu telefone tocou. Era uma amiga da amiga de Glennyce, que, conhecendo seu bom gosto para decorar ambientes, a chamava para embelezar sua casa. Em pouco tempo, a amiga de Glennyce se tornou uma decoradora requisitadíssima!

O passado já se foi e o futuro é um mistério. Tudo o que temos é o agora, e temos de usá-lo com sabedoria. A dádiva do tempo é preciosa, e é por isso que o chamamos de presente!

Aquilo que você descarta como simples coincidência
pode ser o início de uma aventura extraordinária.

DEEPAK CHOPRA
MÉDICO E CONSELHEIRO ESPIRITUAL

Anjos, sinais e coincidências

Os anjos usam virtualmente qualquer meio para fazer contato conosco da maneira mais apropriada. Telefones, televisores e mesmo computadores têm sido utilizados por eles para veicular mensagens e sinais. É como se os anjos estivessem esperando que entremos em contato com sua habilidade.

Infelizmente, muitos de nós deixamos de reconhecer tais sinais e, assim, a conexão com os anjos não é estabelecida. Mas, se confiamos que um sinal nos foi dado, freqüentemente iniciamos uma reação em cadeia, e outros sinais nos são enviados, especialmente se pedimos para recebê-los.

Os sinais enviados pelos anjos podem ter diversas formas, tais como uma fragrância que não conseguimos distinguir de onde vem, e que nos lembre uma pessoa em particular. Pode ser um perfume ou mesmo a fumaça de cigarro. Talvez sintamos o toque de uma mão, um carinho na cabeça ou a sensação de braços nos envolvendo, quando estamos sozinhos. Pode ser a experiência de uma luz brilhante, branca ou colorida. Ou, mais freqüentemente, os anjos podem se comunicar conosco através de alguma coincidência.

As coincidências são descritas como uma série aleatória de acontecimentos em geral surpreendentes, e podem ir das mais simples às mais dramáticas. Quantas vezes já pensamos em um amigo que não vemos há anos, e de repente trombamos com ele na rua, minutos depois? Ou, então, pensamos em uma canção famosa e significativa em nossa vida e, ao ligarmos o rádio, ela começa a tocar.

Podemos ignorar tais mensagens, claro, e possivelmente perderemos a oportunidade mais impressionante de nossa vida. Temos o livre-arbítrio. No entanto, pode valer a pena dar uma chance aos anjos e observar com maior atenção essas coincidências.

Conecte-se com a mentalidade ilimitada da criação e extraia dela os planos e ações certos, que guiarão você para o completo sucesso.

KEITH D. HARRELL
ESCRITOR

Bem-vindo ao paraíso

Todos temos a expectativa de que as pessoas que amamos tenham uma passagem serena, no final de sua vida, e que nós também tenhamos a mesma experiência. Em nossa pesquisa sobre os encontros verdadeiros com anjos, parecem ser cada vez mais freqüentes os relatos de anjos que visitam aqueles que estão perto da morte. É possível que tais eventos tenham sido sempre freqüentes, mas talvez antes as pessoas relutassem em falar a respeito deles muito mais do que hoje em dia.

A ciência e a espiritualidade sempre estiveram em desacordo, mas, após anos de pesquisas, uma quantidade cada vez maior de cientistas tem aceitado a validade de revelações, no leito de morte, a respeito de anjos ou encontros espirituais. Há mais de 25 anos, o doutor Raymond Moody escreveu seu maravilhoso livro, *Life after Life* [*A vida depois da vida*], considerado revolucionário à época de sua edição. Em 1969, a doutora Elisabeth Kübler lançou sua obra pioneira, *Death and Dying* [*A morte e o morrer*], e, quando o médico holandês Hans C. Moolenburgh publicou suas descobertas, incluiu pesquisas sobre aparições de anjos, tais como relatadas por seus pacientes. Assim, há hoje uma postura bem mais aberta do que há 30 anos em relação ao assunto, e muito mais gente vem debatendo as experiências das pessoas queridas que estão à beira da morte.

Pesquisas atuais chegaram a identificar um padrão do que ocorre nos dias que precedem a morte de uma pessoa. Segundo esses estudos, um ou dois dias antes de sua morte, o indivíduo tem a visão de uma pessoa querida que morreu algum tempo antes. Quase sempre, trata-se de alguém muito próximo, e que representa uma presença confortadora. Tal visita tem a função de assegurar, àquele que está prestes a morrer, que será cuidado e que alguém muito querido o guiará no próximo mundo. Pesquisas registraram, também, a visão de luzes ou de uma bruma branca que emana do corpo recém-falecido.

Contudo, não precisamos, necessariamente, de evidências científicas de que existe vida após a morte, como Glennyce e eu descobrimos certa manhã. Eu estava ao lado de Gordon Smith, um dos médiuns mais respeitados da Grã-Bretanha. Seguíamos em direção aos estúdios da Independent Television, em Londres. No caminho para lá, ficamos conversando, entre nós e com o motorista do carro. Ao reconhecer Gordon, ele começou a fazer inúmeras perguntas, e nós três nos envolvemos numa discussão sobre a vida após a morte. Ao sairmos do carro, nos despedimos do motorista, mas as palavras de Gordon a ele foram: "Escute, você não conseguirá morrer, mesmo que queira!" Palavras a ser ponderadas...

O anjo de Wendy

Partilharemos, aqui, um notável evento que ocorreu apenas 24 horas antes do falecimento da mãe de uma amiga. Saindo do trabalho, na noite de sexta-feira, Wendy começou o longo trajeto em direção a sua casa. Sentia-se aflita e ansiosa, ciente do precário estado de saúde da mãe. Fazia muito tempo que ela tinha câncer e, embora tivesse havido períodos de melhora, chegara a um estado terminal da doença.

Quando se aproximou de casa, algo surpreendente aconteceu. Wendy, uma pessoa que acredita piamente em anjos, deparou-se com o maior anjo que alguém jamais viu, em frente a sua casa. Segundo sua descrição, era tão alto quanto a Torre Eiffel! De imediato ela soube, em seu íntimo, que aquele era o anjo de sua mãe, e que o fim estava próximo.

Na tarde seguinte, enquanto Wendy estava sentada ao lado da cama da mãe, segurando sua mão, ela passou para o próximo mundo. Um sentimento de amor tomou conta do quarto e, apesar da dor da partida, Wendy se sentiu invadida por uma impressão de paz. Ela sabia que, agora, o anjo enorme estava cuidando de sua mãe, e a conduzia até a próxima vida.

Exercício

A descoberta de um caminho, pela escrita, em meio à dor e à perda

Para aqueles que recentemente perderam um ente querido ou que passaram por uma experiência profunda como o fim irreversível de um relacionamento ou um divórcio, começar um diário espiritual pode ser uma maneira maravilhosa de expressar pensamentos e sentimentos que não poderiam ser manifestados de outra forma. Para muitos, falar, num momento como esse, é particularmente difícil, e eles se vêem sozinhos com seus pensamentos.

A experiência de escrever um diário manterá seu foco concentrado nas sensações mais profundas e iluminará aquilo que pode ser feito para aliviar as piores dores.

Você pode começar simplesmente pelo registro de uma bênção, a menor das bênçãos em um dia bastante deprimente, como, por exemplo, um discreto raio de sol em um dia cinzento.

Manter o diário pode representar o início das mudanças que você deseja que ocorram em sua vida. Ao registrar os sentimentos que julga estarem impedindo seu progresso, você verá com maior clareza como alterar a situação.

Metamorfose

Marianne, uma senhora holandesa prática e sensata, estava casada havia muitos anos com Hans, e o relacionamento de ambos era particularmente íntimo. Isso fez que a dor fosse especialmente aguda, quando Hans morreu de um câncer. A essa altura, Marianne começou a escrever um diário. Mal sabia ela que, ao longo dos dois anos seguintes, seu diário seria preenchido por experiências espirituais incríveis. Ela passou a acreditar, com muita fé, que o espírito de Hans estava guiando tais eventos maravilhosos.

No dia seguinte ao funeral de Hans, Marianne e suas filhas foram visitar seu túmulo. Chovia forte quando elas saíram de casa, mas, tão logo elas chegaram, o sol apareceu.

Com pasmo, elas notaram um grupo de borboletas amarelas sair do meio das flores. Uma das filhas observou que aquilo era um sinal de seu pai. Somente mais tarde Marianne conheceu a simbologia das borboletas. Ao ler sobre o fato de elas serem tomadas como o símbolo da alma, durante gerações, Marianne comoveu-se e chorou. A metamorfose da borboleta simbolizava a regeneração da alma após a morte.

Cinco semanas após a morte de seu marido, Marianne e uma das filhas viajaram para a Grécia, um dos países prediletos de Hans. Marianne viu-se, naquele período, dormindo 12 horas seguidas a cada noite. Durante uma semana, esse sono revigorou suas forças. Então, na última manhã antes de partirem de volta para casa, algo extraordinário ocorreu. Ao olhar para o outro lado da cama, Marianne viu Hans deitado a seu lado. Era, claramente, ele, e Marianne enfatiza que estava, sim, acordada. Depois de ela ter retornado da Grécia, Hans ainda apareceria para Marianne várias vezes.

Por fim, Marianne viu-se dando palestras e entrevistas, em que relata esses eventos maravilhosos e proporciona conforto e esperança a outras pessoas que perderam parentes ou familiares queridos.

Sua essência verdadeira não é sua alma, que é eterna e existe dentro de um oceano de amor.
Você não é o seu corpo.

BRIAN L. WEISS
PSICOTERAPEUTA E PESQUISADOR

Dica especial do anjo

No início de cada semana, escreva, no "Diário do anjo", seus objetivos para os dias seguintes, suas aspirações e as qualidades positivas que você deseja acolher em sua vida. Logo essas previsões semanais irão se tornar uma profecia realizada.

Deixe que a natureza indique o caminho para a paz interior

Podemos encontrar um grande conforto no mundo natural que nos rodeia. A natureza pode tranqüilizar, curar e apaziguar a alma. Se conseguirmos apreciar a beleza e a importância da natureza, estaremos no caminho certo para encontrar a paz.

Os povos nativos da América do Norte conheciam muito bem a importância da natureza e sabiam quanto sua própria vida dependia dela. Do lado de fora de suas tendas eles penduravam o que ficou conhecido no Ocidente como mandala (a mesma palavra é usada para descrever desenhos intrincados, usados na arte budista e hinduísta, para simbolizar o universo). Ela era confeccionada com pequenos galhos finos ou gravetos, em uma forma tradicionalmente circular. Fios eram tecidos ao redor do círculo e, sobre eles, eram pendurados símbolos representativos de suas vidas, tais como peles de búfalo, penas de pássaros, plantas – coisas de que a natureza os provia. A cada manhã, ao deixar suas tendas, a primeira coisa que viam era essa mandala, que lhes lembrava a importância do mundo natural ao seu redor e constituía um sinal silencioso de agradecimento por sua generosidade.

Imagine sua própria mandala: que símbolos da natureza, vitais à sua vida, seriam pendurados? Decore mentalmente sua mandala e sinta a paz e a tranqüilidade que essa imagem mental lhe proporciona.

Há momentos em nossa vida em que o coração é preenchido de paz. O rosto de um bebê adormecido, um belo pôr-do-sol, a visão de uma flor desabrochando na primavera ou de um arco-íris depois da tempestade, tudo isso pode apaziguar a alma, oferecendo um vislumbre do divino.

Na filosofia dos nativos norte-americanos, nos ensinamentos zen ou nos textos medievais, a natureza inspira harmonia e a paz dentro da vida de cada um.

Exercício
Crie seu próprio altar da paz

Um altar caseiro simples pode basear-se nos mesmos princípios da mandala descrita acima.

- Escolha uma pequena telha, um tapete tecido ou um pedaço de madeira plana e coloque sobre ele coisas que sejam importantes para sua vida. Podem ser itens da natureza, pequenas pedras ou conchas que o remetam, em pensamento, a um período de férias maravilhoso. Você poderá até incluir fotografias ou qualquer outro objeto ao qual se sinta ligado.
- Coloque uma vela no centro. Durante alguns momentos, a cada semana, acenda a vela. Então, sente-se e medite sobre as dádivas da natureza e a paz e as bênçãos que lhe foram concedidas.
- À medida que as estações forem passando, você poderá mudar esse altar caseiro e adicionar a ele flores, folhas ou mesmo pequenos galhos de inverno. Valerá a pena o esforço de ter confeccionado esse arranjo e reservar alguns momentos diariamente para criar a paz interior.

Muitos são completamente surdos à pregação dos pinheiros. Os sermões dados por eles, nas montanhas, falam diretamente ao nosso coração. Se as pessoas, em geral, pudessem ser levadas aos bosques e, ainda que uma única vez, ouvissem as árvores falar por si mesmas, todas as dificuldades em relação à preservação das florestas desapareceriam.

JOHN MUIR

PRESERVACIONISTA (1803-82)

A substituição de padrões negativos

Como vimos no capítulo sobre a estrela da crença em si mesmo, todos nós aprendemos padrões de comportamento e mecanismos de defesa, quando somos bastante pequenos. É possível que tenhamos assimilado pensamentos negativos em relação a determinadas situações ou pessoas, que nos impeçam de progredir.

Para complicar ainda mais a situação, além do condicionamento pessoal, há outros fatores que podem nos influenciar. O famoso psicólogo austríaco Carl Jung escreveu muito sobre o que denominava "inconsciente coletivo". Essa expressão designa os elementos do inconsciente do indivíduo que derivam das experiências da sociedade como um todo. Estaremos assimilando sinais e atitudes das outras pessoas, sem perceber? Esses sinais e essas atitudes podem estar influenciando nossa própria visão e paz de espírito?

Comece a prestar atenção nos padrões de pensamento que influenciam o seu dia. Quando um pensamento negativo lhe vier à mente, substitua-o por um positivo. Diga a si mesmo que não permitirá que o passado o mantenha preso. Tenha persistência, pense positivo e seja determinado, e você alcançará a paz de espírito.

Estrela divina

À medida que começar a observar seus pensamentos, cada vez mais você notará como eles mudam, de um instante para outro. Você percebe a batalha interna que é travada dentro de você? Considere que passos pode dar para poder colocar um fim nessa batalha.

Meditação
Sobre o presente da paz

Agora que fez um grande esforço para acolher as estrelas da crença em si mesmo, da gratidão, da harmonia, da confiança e da coragem dentro de sua vida, você está pronto para receber os presentes por isso. Deixe que esta meditação retribua seu empenho, trazendo-lhe paz.

- Enquanto fecha os olhos, respire profundamente. Sinta como está a salvo e é amado.
- Mentalize a força dentro de você, a clareza que você tem. Perceba como a energia de seu corpo flui livremente nele. Reconheça quanto está leve, quão poderoso se sente. Veja a luz que irradia de você, emitindo raios ao seu redor.
- Sinta a paz dentro de você, a paz que habita cada célula de seu ser. Você está pronto para dizer: "Estou em paz".
- Respirando tranqüilamente, é hora de dizer, agora: "Eu amo a mim mesmo. Eu perdôo a mim mesmo".
- Deixe para trás o medo, a dúvida de si mesmo e a falta de fé que está enraizada no passado e que habita a psique coletiva da humanidade. Abandone todos os pensamentos negativos. Declare sua integração com o amor, a harmonia e a paz.
- Enquanto sai do estado de meditação, comprometa-se a levar sempre, dentro de si, a paz. Aceite com alegria a sua orientação divina. Você estará aberto a novas idéias, novos pensamentos, novas aspirações. Permita que a paz e a alegria vibrem em cada aspecto de sua vida.

Dica especial do anjo

Escolha uma afirmação positiva deste livro e lembre-se dela diariamente. Você poderá escrevê-la e colocá-la num lugar de fácil acesso a cada manhã. Ela o ajudará a começar o dia da maneira que você gostaria que ele continuasse.

Tocada por um anjo

Desde que terminou o curso na universidade, há dez anos, Ruth sempre dividiu com amigos o lugar onde morava. Embora isso tenha sido, em geral, uma experiência agradável para ela, aos 31 anos Ruth chegou à conclusão de que deveria dar um passo para sua independência. Empregada com um bom salário e com um sólido círculo de amigos, decidiu que compraria uma casa na região onde já vivia. Sua oferta de compra foi aceita, e ali estava ela, sentada sozinha em casa, na primeira noite em seu novo espaço.

Deve-se admitir que Ruth ficou bastante apreensiva ao olhar para seu extrato bancário, estendido sobre a mesa da cozinha. No íntimo, ela sabia que tudo daria certo, mas viu-se temerosa com a simples idéia de possuir uma casa e com todas as responsabilidades que isso envolve. Contemplando o futuro, ela desanimou. Sentiu-se bastante sozinha, à beira do choro.

De repente, ela percebeu uma leve carícia na cabeça e uma sensação de formigamento lhe percorreu a espinha. Instintivamente, virou-se, mas não havia ninguém ali, claro. Ela não teve nenhum medo; pelo contrário, sentiu um calor agradável tomar conta dela.

Pouco tempo depois, Ruth foi à casa de uma amiga cuja tia também havia ido visitá-la. Ela ficou fascinada quando a tia declarou que era médium. "E tenho uma mensagem para você", disse a mulher. "O seu anjo quer que saiba que ele está por perto e cuidando de você. Ele fez contato, mas você não o reconheceu." Ruth entendeu, na hora, que o toque tinha sido do anjo.

A sensação de paz acompanha Ruth desde aquela noite. Hoje, ela é eternamente agradecida pela mensagem da médium e pela visita do anjo.

Exercício
Sonhos com anjos

Todos precisamos de cura, em nossa vida. Talvez tenhamos problemas físicos ou preocupações emocionais, ou simplesmente carecemos da crença em nós mesmos. Seja qual for o problema, os anjos podem nos ajudar, e uma boa hora para nos aproximarmos deles é logo antes de ir para a cama, à noite.

- Feche os olhos e relaxe. Deixe que os acontecimentos do dia desapareçam de sua mente; abra espaço para os anjos entrarem e lhe trazerem a cura e o amor. Seja qual for o seu problema, os anjos em momento nenhum o julgarão, já que o amor deles por você é incondicional.
- Sinta a paz tomar conta de você, enquanto permite a esses seres mágicos entrarem.
- Peça para ter paz no dia que se aproxima, e paz para poder aceitar as diversas bênçãos que esse dia lhe trará.
- Um pouco antes de dormir, diga a si mesmo que o seu anjo está escutando e que a paz está com você.

Que a paz esteja com você

Muitas pessoas têm a idéia equivocada de que a paz deve ser atingida primeiramente em um nível externo, e mesmo global, para que sua vida possa ser harmoniosa, mas não se trata disso. Se concentrarmos nossa atenção na paz de maneira individual, vamos encontrá-la dentro de nós mesmos.

No entanto, é preciso, antes de mais nada, adotar a atitude mental de que a paz já nos pertence e agir como se isso fosse verdade, concentrando-nos naquilo que desejamos ter como experiência.

Manter o equilíbrio, com tranqüilidade na vida diária, requer paz interior, autoconsciência e a disposição de viver conscientemente segundo nosso coração, em cada momento. A paz e a inspiração são presentes que damos e recebemos ao longo da vida. Nossas vidas são todas valiosas e cada segundo delas faz diferença, pois a história, as opções e a generosidade de cada um tocam a vida de muitos outros, além de a si próprio.

Estrela divina

Você sabe onde começa e termina sua compaixão pelo outro? Deixe sua compaixão fluir livremente, pois, uma vez que o processo se inicie, você irá espalhá-la pelo mundo.

Exercício
Alie-se à paz

A paz mais pura se manifesta através de atos de generosidade e de amor. Neste exercício, você começará a aliar-se a seus pensamentos de serenidade e à sua energia com um objetivo maior ou algum desejo que queira realizar.

Passo 1

Determine o(s) seu(s) objetivo(s):

____

____

Passo 2

Faça uma lista de suas crenças em relação a esse(s) objetivo(s). Por exemplo, que passos práticos uma pessoa deveria dar, a fim de conquistá-lo(s)? E como você se sentiria ao conquistar tal(is) objetivo(s)?

____

____

Passo 3

De que maneira a conquista de seu(s) objetivo(s) ajudaria a aperfeiçoar o seu sentimento de serenidade interior e paz em relação àqueles que o rodeiam?

____

____

Dica especial do anjo

No seu "Diário do anjo", escreva uma lista de sete pedidos de ajuda e orientação aos anjos, ao cosmo, ao universo – ou como prefira denominar o poder maior, acima de nós. Volte à lista daqui a sete semanas. Alguma coisa mudou?

A paz, para sempre

A paz começa dentro de nós, individualmente, e é irradiada para fora, para nossos amigos, familiares e colegas. Uma vez em paz conosco mesmos, podemos começar a estabelecer as bases para a paz no mundo.

A paz interior pode parecer fugidia quando duvidamos de nós mesmos ou somos tomados pela ansiedade, pelo medo ou pelo sofrimento. No entanto, ela estará sempre conosco se pedirmos, uma vez que tenhamos consciência da presença dos anjos em nossa vida.

Os anjos estão presentes na vida de todos nós. Simplesmente acredite nos sinais e agradeça. Eles lhe trarão paz.

Destaques a ponderar

Encontro tempo para relaxar.
Farei uma limpeza de minha mente, meu local de trabalho e meu lar.
Busco mensagens enviadas pelos anjos.
Separo um tempo para meditar, a cada semana.
Peço ao anjo que traga paz ao meu coração.
Estou em paz e levo a paz comigo aonde quer que eu vá.

7

A estrela do amor

Espalhe o amor e a harmonia, coloque sua mente e seu corpo em um lugar sereno e, então, permita ao universo que trabalhe da maneira perfeita, do modo que ele sabe.

Doutor Wayne W. Dyer

Psicoterapeuta, palestrante e escritor

A essência da vida

A estrela do amor representa aquele que é, provavelmente, o elemento mais importante da vida. Podemos possuir riquezas, beleza, lazer e sucesso além da medida, mas, se não tivermos amor, teremos pouca coisa de real valor. Em uma entrevista recente, um famoso astro *pop* lamentou o fato de que até então ele nunca tinha encontrado um amor verdadeiro. Explicou que, embora tivesse fama e fortuna em abundância, estaria disposto a trocar tudo aquilo por um relacionamento estável e uma família afetuosa - uma revelação muito significativa.

Assim como essa celebridade, todos nós precisamos de amor, ainda que muitos pareçam estar gastando a própria vida numa busca infrutífera atrás dele. A verdade é que, para começar, talvez estejamos procurando nos lugares errados. Precisamos, primeiro, aprender a amar a nós mesmos, para então estarmos prontos a receber amor.

Amar a si mesmo não significa ser autocentrado ou arrogante, mas aceitar-se do modo que se é, com todos os próprios defeitos. Uma vez que nos aceitemos como somos, poderemos dar o passo seguinte.

E, mesmo que ainda permaneça alguma dúvida sobre nosso próprio valor e capacidade de receber amor, os anjos não têm nenhuma. Embora nos sintamos, às vezes, desapontados em razão do amor das outras pessoas, os anjos jamais nos decepcionarão. O amor deles é constante e incondicional. Em tempos de crise ou de grande perturbação emocional, podemos sempre levar nossos problemas para os anjos. Se nos comunicarmos com eles através da meditação, da prece e das afirmações, tudo o que teremos a fazer será pedir, e a ajuda nos será dada.

Uma vez mais, o ingrediente mais importante, nessa forma de comunicação, é acreditar. Assim, sem dúvida alguma, você receberá.

> *O amor não se aprende, pois nunca houve um momento sequer em que você não tivesse ciência dele.*
>
> **Um curso em milagres**

Meditação
A estrela do amor

Nesta meditação, você estará conectando a si mesmo com seus guias angelicais e descobrindo de que maneira trazer o amor para qualquer situação que lhe pareça mais desafiadora.

- Enquanto fecha os olhos, respire fundo. Inspire e expire profundamente, devagar, transportando-se para um espaço de relaxamento completo. Em sua mente, cerque-se de um halo de luz branca e pura. Essa luz o protegerá e dentro dela você estará sempre feliz.
- Traga à consciência uma situação que o está incomodando, que o entristeça, uma situação pela qual você se sente responsável. Ao lado desse halo de luz, permita que se forme em sua mente uma imagem que sintetize a situação. Deixe

que toda a energia negativa que você concentrou em relação a essa situação venha à tona, não importa em que formato.

- Olhe fixamente para o solo, desejando que todas as raízes da negatividade apareçam e saiam do chão. Em sua mente, deixe que elas pairem no ar, junto do restante de energia negativa associada à situação. Quando sentir que a situação está totalmente representada, deseje que a negatividade exploda. Perceba que a combinação da explosão e seu desejo de acabar com a negatividade fez tudo o que é negativo se transformar em milhões de estrelas e em um bilhão de pequeninos raios de luz que cintilam a uma distância muito grande.
- Continue explodindo a negatividade, até só conseguir ver à sua frente o agrupamento de estrelas e raios de luz. Diga ao universo que é essa beleza que você deseja ter.
- Peça aos anjos e ao universo que orientem você, ajudando-o a ver com clareza quais passos são necessários para transformar a situação.
- Lenta e suavemente retorne à consciência do dia-a-dia. Enquanto estiver voltando à superfície, traga de volta consigo os passos dados. À medida que sai desta meditação, sinta a coragem pulsando dentro de seu corpo.

Acreditar e receber amor

Existe algo dentro de cada um de nós que está continuamente em busca de respostas. Talvez desejemos saber por que estamos aqui, qual o significado da vida ou então o que existe para além deste planeta que chamamos de nosso. No entanto, embora muitas das respostas para os mistérios da vida possam nos fugir, somos capazes de compreender muito do sentido deste mundo pura e simplesmente através do amor. O amor é a verdade fundamental absoluta da vida. É tudo o que existe e tudo o que realmente buscamos. Pertence a nós, neste momento, e sempre esteve à nossa disposição, para que o ativemos em nossa vida.

Quando optamos por amar a nós mesmos, estamos reafirmando nossa própria grandeza. Estamos dizendo ao universo: "Sou uma pessoa passível de ser amada. Mereço a felicidade. Mereço o sucesso". Estamos permitindo aos outros e aos trabalhos mágicos do universo que nos retribuam com seu amor.

Se você quiser trazer mais amor para sua própria vida, pode começar com a simples intenção de amar a si mesmo. Diga a si próprio, neste mesmo instante: "Amo a mim mesmo!"

Como é que você se sente ao dizer essas quatro palavras? Talvez, no início, experimente algum desconforto ou constrangimento. Mas guarde essas palavras e repita-as, de novo e de novo. Consegue sentir a ligeira mudança de energia que ocorre a cada vez que você diz ou pensa isso?

Ao dizer essas palavras, você se abre à possibilidade de que isso seja verdade. Então, o impossível torna-se possível, a confusão se desfaz, para ser substituída por uma grande clareza. Repetir essa afirmação simples diariamente ajudará você a libertar-se de qualquer carga emocional e eliminar aquilo que jamais foi seu, para começar. Isso abrirá espaços em seu coração, criando chances para a felicidade e o sucesso.

Por outro lado, caso você hesite em dizer que ama a si mesmo, há a possibilidade de que esteja contemplando uma lista mental de todas as razões pelas quais supostamente não merece o amor.

É surpreendente o número de pessoas que crêem que não merecem ser amadas. A vida deve ter lhes aplicado golpes severos e elas talvez se sintam prostradas no chão, sem chances de se levantar. Um comentário casual ou mesmo uma piada em um momento inoportuno, às vezes, pode agravar as coisas e ganhar proporções desmesuradas em nossa psique, a ponto de levar-nos a acreditar que somos pouco atraentes e, portanto, não merecedores de amor. Se crescemos num ambiente que não era particularmente estimulante, podemos acreditar que isso ocorreu por culpa nossa e que não nos trataram com amor e afeição pelo fato de não termos merecido.

Aprenda a receber amor em sua vida dando a si próprio, primeiramente, a permissão para amar a si mesmo. Tome uma decisão consciente, agora, de ser o tipo de pessoa que irradia luz, passando pela vida com alegria interna e confiança inabaláveis.

Dito isso, por mais determinado que você esteja, pode haver momentos em que se sinta preso a uma entediante rotina emocional, da qual seja bastante difícil sair. Nessas horas, a questão não-verbalizada que se apresenta é: "Eu quero continuar infeliz?" A menos que continuar infeliz sirva para você de alguma maneira, a resposta é, claro: "Não".

O universo nos dará, de bom grado, o apoio para sairmos de qualquer rotina em que estivermos. Se percebemos isso, a pergunta, então, transforma-se em: "Como faço isso?" E a resposta é simples: "Abra a si mesmo para o amor". É tudo o que tem de ser feito. Quando nos damos a permissão de amar, nos damos a permissão de ser felizes.

Saiba que você é amado incondicionalmente pelos anjos e pelo universo, e que se eles acreditam que você merece ser amado isso é verdade. É simples assim.

Dica especial do anjo

Agora que sabe que você mesmo é o amor, e é amado, saia e espalhe esse sentimento.

Exercício
Espalhar as sementes do amor

Existem muitas formas pelas quais você pode estimular o amor, para que ele cresça em sua vida. Este exercício o ajudará a concentrar-se nas sementes do amor que já estão presentes em sua vida, esperando para ter o crescimento estimulado por seu pensamento positivo.

Passo 1. Eu amo...

No seu "Diário do anjo" ou nas linhas abaixo, escreva várias atividades que você adora fazer. Pense nas coisas que são absolutamente fáceis para você fazer... atividades para as quais não recebeu nenhum treinamento especial, mas em cujo desempenho você simplesmente é bom.

____

____

Passo 2. Eu sou...

Escreva algumas das melhores qualidades que você aprecia em si mesmo, ou que os outros vêem em você. Quais são os seus talentos e pontos fortes?

____

____

Passo 3. Assuma a responsabilidade.

Se você sente que falta alguma coisa em sua vida, faça uma lista. Do que você carece, e por quê? E que passos poderia dar para preencher essas lacunas?

____

____

Passo 4. Pense que o amor...

Preencha as lacunas abaixo, criando frases que reflitam o bem que você já criou em sua vida, bem como o que ainda deseja criar.

Eu crio __________________________________ para mim mesmo.

Eu crio __________________________________ para mim mesmo.

Eu crio __________________________________ para mim mesmo.

Eu crio ________________________________ para mim mesmo.

Eu crio ________________________________ para mim mesmo.

Você jamais conseguirá retribuir tudo o que lhe foi dado pelo Criador; aceite os presentes. Viva e partilhe-os.

ANNE WILSON SHAEF
ESCRITORA E PALESTRANTE

O amor e os relacionamentos

A maioria de nós associa o amor aos relacionamentos, mas o que são exatamente eles? Talvez os consideremos como a maneira como lidamos com as pessoas que estão perto de nós, ou aquelas com as quais temos de passar algum tempo diariamente. A verdade é que travamos um relacionamento com todo ser vivo deste planeta. Estamos todos ligados uns aos outros e somos, na verdade, um só. Quando nos permitimos amar as outras pessoas, estamos estendendo o dom da graça. Ou, em outras palavras, o amor aparece quando nos rendemos a ele.

O amor define quem somos. Podemos sempre estar abertos ao amor ou rejeitá-lo, decidindo quem é ou quem não é digno de merecer nosso amor. No entanto, o amor absoluto não conhece limites ou restrições.

Cada um de nós é amado pelo universo e, por sua vez, recebeu algum dom especial, algum interesse especial ou alguma maneira especial de causar impacto neste mundo, de modo a torná-lo um lugar melhor para todos viverem. Você também tem o potencial de viver no mesmo nível de Gandhi ou da madre Teresa de Calcutá. A pergunta que você deve se fazer é: "Estou disposto não só a definir e acolher meus objetivos divinos, como também a confiar neles, persistente e pacientemente? Deixe que a resposta seja "Sim" e então veja que passos práticos pode dar aqui mesmo, agora mesmo.

O amor conquista todas as coisas:
Vamos, nós também, nos render a ele.

VIRGÍLIO
POETA (70-19 A.C.)

Dica especial do anjo

Muitas pessoas acreditam que têm um anjo da guarda especial, que cuida delas e as ajuda a conhecer seu verdadeiro potencial. Para descobrir o seu, sente-se tranqüilamente, considere sua posição na vida e que direção deseja tomar. Pergunte a seu anjo qual o nome dele. É possível que ele surja em sua mente de imediato. Escreva esse nome e saiba que esse é o seu anjo especial. Você poderá chamá-lo toda vez que precisar de ajuda adicional ou de orientação. Chame-o também sempre que quiser saber como realizar todo o seu potencial e viver uma vida produtiva, ajudando os outros.

Exercício
Torne-se um voluntário

Alguém lá fora precisa de você. Talvez você ainda não saiba quem é essa pessoa, mas pode fazer diferença na vida dela, simplesmente reservando um pouco de seu tempo e de sua generosidade.

Você precisará de:

Crença em si mesmo (uma medida)
Dedicação
Uma pitada de coragem

- Toda comunidade precisa de voluntários como você. Com o que você se preocupa? Quem deseja ajudar? As possibilidades são infinitas: você pode visitar um paciente em um hospital com regularidade, ou aproximar-se de alguém que esteja confinado em casa. Pode trabalhar com a comunidade jovem local ou em um asilo. Pode tomar parte em projetos de conservação locais ou envolver-se com a defesa de animais.
- Consulte a lista telefônica local para descobrir organizações e instituições que lhe pareçam interessantes. Ou visite a biblioteca local para saber mais sobre maneiras como pode participar de atividades de sua comunidade. Partilhe um pouco do amor que você tem com aqueles que realmente precisam dele.

O mundo inteiro pode amar você, mas esse amor não fará você feliz.
O que fará você feliz é partilhar todo o amor que há dentro de você.
Esse amor é o que fará toda a diferença.

DON MIGUEL RUIZ
XAMÃ TOLTECA E ESCRITOR

Pequenos sinais de amor

Há muitos anos, a produção de um programa de televisão tentou descobrir por que algumas pessoas em particular conseguiam obter reações positivas das outras. Pesquisadores enviaram duas mulheres à rua com a tarefa de pedir ajuda aos transeuntes de maneira aleatória. Elas foram instruídas a pedir troco para uma nota de cinco libras e também a solicitar informações sobre como chegar a determinado local. Uma das mulheres obteve uma resposta clara e positiva daqueles a quem abordou e a outra recebeu "um gelo". Por que isso ocorreu? À primeira mulher foi dito que tocasse a pessoa a quem pediu ajuda, e que desse um largo sorriso, ao passo que nenhuma instrução desse tipo foi dada à segunda mulher. Um toque amistoso no braço e um sorriso caloroso estimularam uma sensação de confiança e a cooperação instantânea nos outros, e as pessoas responderam à cordialidade da mulher e ao sentimento de ser apreciadas.

Dar amor aos outros pode ser um processo muito sutil. Por exemplo, podemos oferecer ajuda a alguém em uma tarefa comum, e nosso gesto simples de generosidade talvez promova sentimentos que retornem em nossa direção. Uma amiga nos disse que toda vez que via alguém com uma aparência triste ou solitária lançava um cobertor invisível de amor, enquanto passava por essa pessoa! Essa é uma belíssima concepção e, mesmo que aquele que o recebe não tenha visto o cobertor, temos certeza de que os anjos o viram.

Há uma luz que brilha além de todas as coisas sobre a Terra,
Além de nós todos, além do paraíso, além
do mais alto, do mais alto dos paraísos.
É a luz que brilha dentro de nosso coração.

Upanishad Chandogya

Estrela divina

Quanto mais afeto, generosidade e pensamentos amorosos distribuímos, mais recebemos. Assim como acontece com uma conta bancária, quanto mais depositamos nos cofres do amor, maiores serão os juros que teremos de volta. Quanto mais amarmos os outros, mais facilmente perceberemos quanto somos dignos de ser amados.

O amor é paciente, o amor é generoso e não inveja ninguém.
O amor nunca é prepotente, nem presunçoso, nem rude. Não é egoísta, nem se ofende facilmente. O amor não mantém registros de ofensas, não se compraz com os pecados dos homens, mas delicia-se com a verdade. Não há nada que o amor não possa enfrentar. Não há limite para a sua fé, sua esperança e sua tolerância. O amor nunca chegará ao fim.

I Coríntios, 13:4-8.

Afirmação

Hoje, sou a expressão singular do amor divino.

Abraços de anjos

Está claro que podemos trazer o amor ao mundo de diferentes maneiras. O gesto mais simples, tal como um beijo ou um abraço, pode, às vezes, ter um efeito poderoso. Instintivamente, ao vermos alguém sofrendo, colocamos nossos braços em volta dessa pessoa, numa atitude que transmite conforto e solidariedade. Esses pequenos gestos de contato humano são realmente preciosos.

No entanto, nem todos têm a sorte de ter alguém próximo a quem possam recorrer em momentos de alegria ou de tristeza.

Essa é a situação em que Enid se encontrava. Ela vivia sozinha havia muitos anos, pois seus pais e irmãos já haviam falecido. Como não se casara nem tivera filhos, muitas vezes sentia-se bastante solitária. Freqüentar a igreja lhe proporcionava algum conforto. Na verdade, seus amigos da igreja estavam sempre dispostos a visitá-la. A companhia deles, contudo, "nunca foi a mesma coisa que pertencer a alguém", nos disse Enid.

O sentimento de solidão atingiu seu limite certa manhã, quando ela acordou com muita dor. Ela sofria de artrite, e em alguns dias o sofrimento era muito forte. Naquele dia, a dor era a pior que já havia sentido. Enid levou um longo tempo para trocar-se e descer as escadas em direção à cozinha, para preparar seu chá. O esforço necessário foi extremo e ela, finalmente, desabou na cadeira, quase em lágrimas. Aliado a seu sofrimento estava o fato de que no dia seguinte faria 85 anos, e ela não tinha ninguém com quem comemorar a data.

O dia passou e, embora a dor tivesse melhorado consideravelmente com a medicação, o ânimo de Enid não se alterou. Com um profundo desânimo, ela subiu lentamente as escadas de volta para o quarto, naquela noite. Lá, ela orou, perguntando a Deus se havia um anjo à disposição e, caso houvesse, se ele poderia ajudá-la a considerar as bênçãos que tinha e sentir-se melhor no dia de seu aniversário.

O dia chegou e, para seu deleite, sua artrite não causava nem a sombra da dor habitual, no momento em que levantou-se. Ao alcançar a cozinha, começou a sentir-se mais animada. De repente, ouviu o barulho de sua caixa de correio sendo aberta: para sua surpresa, alguns cartões caíram sobre o pequeno tapete. Vários de seus amigos tinham se lembrado dela e, em vez de um ou dois cartões, como ela normalmente recebia, dessa vez deparou-se com pelo menos oito envelopes.

Abrindo os envelopes e colocando os cartões sobre a lareira, ela lembrou-se da prece da noite anterior, e disse alto: "Ó meu Deus, obrigado. Os anjos têm trabalhado por mim!"

Naquele exato momento, aconteceu: Enid teve a sensação de que braços a envolviam e de que havia um calor aconchegante ao seu redor. Sentiu um amor puro envolvendo seu corpo. Enquanto lágrimas lhe desciam pela face, de tanta alegria, ela pensou na maravilhosa bênção que teria de adicionar à sua lista, naquele dia de aniversário. Como é que podia sentir-se sozinha e sem amor, sabendo que os anjos lhe tinham dado um abraço celestial?

O amor é a energia da qual todas as pessoas e coisas são feitas.
Você está conectado a todas as coisas do mundo através do amor.

Brian L. Weiss
Psicoterapeuta e pesquisador

Afirmação

Hoje, estou livre de todos os problemas, de todo o medo e de todas as possibilidades de fracasso. Estou repleto de amor e de abundância.

Dica especial do anjo

Não precisamos de grandes gestos para mostrar amor ao mundo. Um ato simples de generosidade, como dar um sorriso, fazer um elogio, demonstrar reconhecimento por algo que alguém nos fez, lembrar-se do aniversário de alguém ou participar de uma comemoração, pode significar muito para outra pessoa.

O amor em preto-e-branco

Celebrações em família, como casamentos, batizados e aniversários, normalmente são ocasiões em que podemos demonstrar nosso amor pelos outros. Em nosso próximo relato, Marjorie relembra uma festa de aniversário que adquiriu um significado especial:

"Faz exatamente 25 anos, hoje, que fizemos aquele maravilhoso piquenique com meu pai", lembra-se. Pessoas mais velhas da família recordam-se claramente do dia, e conversaram sobre ele, em um almoço de domingo.

Tom, o pai de Marjorie, comemorava seu septuagésimo aniversário num bonito dia de verão. A família toda tinha ido fazer um piquenique no litoral, e lá eles passaram uma tarde com muito riso e festa. Os netos de Tom eram bastante pequenos, na época, mas também participaram da celebração. Foi uma ocasião muito especial. Tom, infelizmente, faleceu uma semana depois.

Passado um longo tempo, ali estavam eles novamente, reunidos no dia do aniversário do pai. "A única coisa que lamento, em relação àquele dia, é ter perdido minha câmera fotográfica", disse Marjorie. "Não me lembro sequer de ter tirado fotos. Simplesmente me esqueci da máquina, e acabei perdendo-a", continuou. Ao longo dos anos que se seguiram, a perda da máquina tornou-se motivo de pesar para a família toda, pois ninguém tinha nenhum registro daquele último e especial aniversário. "Todos temos a lembrança do que se passou, mas gostaria de ter uma foto dele durante a festa. Temos tão poucas fotos dele...", disse ela.

A tarde continuou, e o assunto era ainda o mesmo. As pessoas já se preparavam para ir embora e o sentimento geral era de tristeza. "Anime-se", disse o marido de Marjorie. "Não podemos fazer mais nada quanto a isso agora!"

Duas semanas mais tarde, ela decidiu fazer uma limpeza geral em seu quarto, com a intenção de doar vários objetos a uma feira de verão, organizada pela igreja local. Gavetas e velhos armários intocados havia anos foram todos esvaziados, e inúmeros tesouros escondidos vieram à tona.

Na parte de cima do velho guarda-roupa, havia uma caixa com fotografias e uma velha máquina fotográfica empoeirada. "Só Deus sabe há quanto tempo isso está aqui", pensou Marjorie. Seu marido notou que a máquina continha, ainda, um filme, e, só pelo prazer, ele decidiu levá-lo para revelar. "A esperança é quase nenhuma, mas vale pela curiosidade", disse ele. Ao entregá-lo ao atendente da loja, percebeu que o filme era preto-e-branco. O homem disse que duvidava que alguma coisa saísse, mas podia tentar.

Dias depois, Marjorie foi à loja e ficou encantada ao descobrir que a revelação tinha sido muito bem-sucedida. Dirigiu-se ao estacionamento e, no carro, começou a olhar as fotos. Nesse momento, quase deixou tudo cair, com o choque que teve: em suas mãos, uma foto de seu pai, cortando o bolo de seu septuagésimo aniversário no piquenique! Começou a chorar de alegria, e mal podia esperar para entrar em casa para mostrar as preciosas fotos à família.

Várias fotos maravilhosas daquele dia especial tinham sido reveladas, com clareza e nitidez. No entanto, Marjorie não se lembra de ter tirado nenhuma delas. Sua filha disse: "Mãe, acho que os anjos tiraram essas fotos por você".

"Bem, deve ter sido isso. Eles certamente me indicaram a direção certa para encontrá-las, disso estou certa!", respondeu Marjorie.

Quando há amor em abundância,
Os anjos pairam sobre nossa cabeça.

ANON

Estrela divina

As mensagens dos anjos podem ser lembretes oportunos do amor que existe em nossa vida. Essas mensagens podem se manifestar de muitas formas, inesperadas e sutis. Quando realmente precisamos delas, no entanto, elas nos aparecem com muita clareza.

Os anjos de Vera são reais

Assim como a história de Marjorie, nossa próxima história envolve perdas e um sinal inesperado da presença dos anjos.

Vera sempre freqüentou a igreja. Sua fé era grande, e ela acreditava piamente nos anjos. Era membro ativo da mesma igreja havia muitos anos, e envolvia-se em diversas de suas atividades.

A vida de Vera não deixava de ter suas dificuldades e lágrimas de vez em quando, mas o marido e filhos muito queridos lhe proporcionavam muita felicidade. Viúva já há algum tempo, ela tinha quase 90 anos e enfrentava problemas de saúde. Embora tenha desfrutado de uma vida plena e interessante, apegou-se firmemente a este mundo, tal como muitos de nós fazemos quando o fim está próximo. Quando finalmente foi internada em um hospital, ficou claro para sua família que ela não lhes faria companhia por muito mais tempo. O filho de Vera, Stephen, e sua esposa, Barbara, tiveram a ótima idéia de levar para o hospital o pequeno quadro de um anjo que Vera mantinha à cabeceira da cama.

Certa noite, Stephen, Barbara e outros membros da família estavam sentados ao lado da cama de Vera, segurando sua mão e confortando-a. Ela estava claramente à beira da morte, mas ainda resistia. Por fim, Stephen disse à família que fosse para casa, para descansar. Eles concordaram e se foram.

A respiração de Vera estava difícil; ela lutava, nitidamente, contra o inevitável. Stephen segurava carinhosamente a mão dela e lhe disse que não tivesse medo, que tudo estaria bem. Tomando o pequeno quadro do anjo do lado do travesseiro ao lado de Vera, ele colocou-o firmemente nas mãos dela e envolveu os dedos da mãe ao redor do quadro, com a mensagem óbvia de que seus anjos a aguardavam. De imediato, a respiração de Vera ficou tranqüila. Então, em instantes, ela deslizou para o próximo mundo. Tudo foi muito tranqüilo e apropriado para uma senhora que tinha tamanha fé.

Stephen permaneceu calado, absorvendo aquilo tudo numa confusão de sentimentos. Sentia-se muito triste pela partida de sua mãe, mas também aliviado pelo fato de sua luta ter terminado, e por ela sentir tamanha paz, bem no final. Momentos mais tarde, Stephen levantou-se para informar os funcionários do hospital. Ele olhava melancolicamente para sua mãe, que ainda tinha o quadro entre as mãos, e então dirigiu-se à porta.

Ao tocar a maçaneta, olhou de volta para o quarto e, de repente, viu algo que teve dificuldade de entender.

O quadro escapou devagar das mãos de sua mãe, escorregou pelo lençol e caiu no chão, quebrando-se em duas partes. Aquilo era impossível, pensou: mesmo que as mãos dela tivessem soltado o quadro, ele teria permanecido sobre a cama. Os lençóis não estavam esticados e parecia impossível que o objeto pudesse se mover para tão longe da cama sozinho. Era como se uma força invisível tivesse empurrado o quadro para o chão! Lembremos, neste momento, que Stephen sempre tivera a profissão de policial, e era uma pessoa racional e prática. Ele disse: "Pensei que já tinha visto tudo, mas aquilo foi incrível".

Quando relatou o incidente à família, a reação deles foi de espanto. Sua irmã, Margaret, também acreditava em anjos, e viu nisso uma espécie de sinal, embora não soubesse exatamente de quê. No dia seguinte, a família se reuniu. Uma outra cena fez que eles ficassem imóveis, sem poder acreditar no que viam. Vera sempre tivera um anjo de cristal, pendurado em sua janela por um fio de náilon. Naquele instante, o anjo estava caído no chão, partido em dois! Incrivelmente, o fio ainda estava intacto. Como é que o anjo podia ter caído?

Esse acontecimento era um reflexo exato do anterior. Ao comentar ambos os relatos com Glennyce, concluíram que aquele era um sinal de que Vera não mais precisava de anjos terrenos, uma vez que estava, agora, entre anjos verdadeiros!

O funeral de Vera foi realizado na igreja onde ela fora fiel durante tantos anos. Foi pedido à melhor amiga de Margaret, Maggie, que fizesse a leitura de um texto durante a cerimônia. Durante a procissão do funeral, Maggie olhou para o chão e notou uma linda e enorme pena branca, a seus pés. Apanhou-a e levou-a para dentro da igreja, e manteve-a entre os dedos, enquanto fazia a leitura. Ao voltar para seu assento, entregou a pena a sua amiga Margaret. Foi um gesto delicado, e uma mensagem final, mandada pelo anjo de Vera.

> *Você não morrerá quando seu corpo morrer, uma parte de você continuará. Você se reunirá novamente a seus entes queridos, pois eles também são imortais.*
>
> **Brian L. Weiss**
>
> Psicoterapeuta e pesquisador

Afirmação

Hoje, alio-me aos meus anjos e consigo ver a divindade em cada pessoa.

Dica especial do anjo

De que maneira você gostaria de ser lembrado no futuro? Com amor e felicidade, ou com ansiedade e arrependimento? Comece a estabelecer as bases para as lembranças felizes que terá no futuro.

Flores mensageiras

Enquanto algumas pessoas têm facilidade de expressar seus sentimentos pelos outros por meio de gestos carinhosos, outras têm dificuldade de fazê-lo, e talvez nos sintamos confusos e magoados com sua aparente frieza conosco. Contudo, temos de manter o coração aberto, pronto para receber quaisquer sinais de afeto que possam aparecer em nosso caminho. O amor pode nos surpreender, como aconteceu com Wendy.

Logo depois de ter perdido sua mãe, após uma longa batalha contra o câncer, Wendy viu-se refletindo longamente sobre seu relacionamento com ela, por vezes conflituoso. Olhando para trás, Wendy compreendia que as duas se amavam profundamente, ainda que em certos momentos duvidasse disso. Na verdade, um dos aspectos mais delicados da questão dizia respeito ao fato de, nos últimos dias de vida de sua mãe, ela não ter se despedido de Wendy. Nesse período, ela tinha dado adeus à irmã de Wendy, e dito quanto a amava. Infelizmente, não houve oportunidade para que a mãe de Wendy lhe dissesse quanto a amava. A contrariedade de Wendy só fez aumentar, à medida que os dias passavam, e agora, suas lágrimas corriam constantemente.

Um dia, a dor da separação e o fato de essa despedida não ter ocorrido pareceram a ela um tormento grande demais. Nesse instante, a campainha tocou e, ao abrir a porta, foi entregue a Wendy um lindo buquê de flores. Enquanto caminhava para dentro de casa, ela notou seu formato: tinham sido arranjadas na forma de uma lágrima. Igualmente significativo era o fato de que as flores eram todas cor-de-rosa e brancas. O buquê tinha sido feito com as mesmas cores e tipos de flor que a mãe de Wendy sempre lhe comprara, no passado. Cor-de-rosa é, claro, a cor do amor. Foi um momento emocionante e Wendy sentiu-se confortada.

Lendo o cartão que acompanhava o buquê, percebeu que ele lhe tinha sido enviado por Amelia, uma amiga que morava nos EUA. Amelia era uma senhora particularmente sensível e nutria um grande afeto por Wendy.

Quando telefonou à amiga para lhe agradecer, Wendy perdeu o fôlego, ao ouvir sua resposta: Amelia lhe disse que pensara enviar um arranjo de flores mais coloridas, para animar a amiga, mas que sentira consciência da presença da mãe dela, que insistia que as flores tivessem aquela cor específica e aquele formato! Felizmente, Amélia prestou atenção à mensagem e, contrariando seu primeiro impulso, pediu que o buquê fosse preparado daquele modo. Wendy sentiu que sua dor cedia. Falou à amiga sobre sua contrariedade e contou como se sentia entusiasmada agora que, mesmo após a morte, sua mãe encontrara uma maneira de lhe dizer que, além de saber como a filha se sentia, também a amava muito.

Estrela divina

O período de luto pode ser marcado por uma dor física, mental ou emocional. Em geral, é literalmente insuportável e não temos a menor idéia de como continuar a viver. Nesses momentos difíceis, entretanto, alguma coisa normalmente acontece para nos apaziguar ou animar. Pode ser uma palavra amiga ou uma lembrança feliz, que subitamente ocupa nossos pensamentos.

A história de Kallista

Se existe um relato que ilustra bem a natureza pura do amor, é nossa história final. Ela poderia igualmente ter sido encaixada dentro das estrelas da coragem ou da confiança. No entanto, um poderoso sentimento de amor permeia todo o relato. A história ilustra o fato de que o amor pode ajudar a aliviar o peso no coração, na circunstância mais trágica. Por outro lado, a época mais feliz pode, repentinamente, virar um período de desespero. Debby e sua família sentiram na pele a verdade disso tudo.

Debby, seu marido Tom e os filhos Athena, Xander e a pequena Kallista estavam ansiosos para celebrar o quadragésimo aniversário de Debby na Disneylândia de Paris. Ao chegar ao hotel, as crianças estavam numa alegria imensa, em particular Kallista, de apenas oito meses, que estava sempre sorrindo. Kallista, um bebê muito especial, era chamada de "a menina do raio de sol" por toda a família.

Em seu curto tempo de vida, Kallista não tinha tido nenhum tipo de doença, mas infelizmente, na véspera do aniversário de Debby, ela adoeceu. Na manhã seguinte, Kallista ainda doente, os pais chamaram o médico, que determinou que o bebê fosse levado ao hospital imediatamente. Lá, constatou-se que ela estava sofrendo um ataque de asma e começaram a medicá-la. Kallista respondeu bem ao tratamento, mas, antes que a família pudesse respirar aliviada, a doença voltou a agravar-se. Para o choque da família já atormentada, e também do corpo médico, Kallista teve uma parada cardíaca e morreu.

Paralisados pelo golpe, Debby e Tom tentavam assimilar o que os médicos lhes diziam. Eles foram instruídos a permanecer em Paris até que uma autópsia fosse feita e, por fim, concluiu-se que a causa da morte de Kallista havia sido uma infecção no miocárdio.

Arrasados de dor e totalmente perdidos, aqueles pais tinham não somente de lidar com a perda de sua filha adorada, mas também encontrar a força para continuar a vida, ao lado de seus outros dois filhos. Debby diz que, surpreendentemente, recebeu a ajuda espiritual e o apoio de que precisavam. Isso se deu através de uma série de acontecimentos.

O primeiro deles ocorreu quando, impossibilitados de voltar para casa, tiveram de deixar o hotel na Disneylândia. A companhia de seguros da família reservara para eles um hotel completamente inadequado; eles tiveram, assim, de mudar para um local diferente. Pouco familiarizados com Paris, não faziam muita idéia de onde estavam, mas, determinados a elevar o estado de espírito das crianças, saíram para caminhar, em direção à Torre Eiffel. Durante um longo tempo, só conseguiram ver o topo da torre, mas aparentemente nunca chegavam perto dela. De repente, no momento em que afinal puderam ver a torre por completo, ela foi iluminada. Todos se espantaram com a maravilhosa cena. Debby e Tom, em particular, sentiram que a sincronia dos fatos era significativa e muito mais do que uma coincidência.

Após um encontro com o médico que assinara o atestado de óbito, eles sentiram-se bastante abatidos e, segurando as crianças pela mão, Tom e Debby foram almoçar em um restaurante. Na volta para o hotel, a pequena Athena começou a falar das coisas maravilhosas que sua irmãzinha estaria presenciando, agora, no céu. De repente, Athena parou, incrédula. Os demais seguiram o olhar dela e viram: à frente deles estava uma loja pintada de amarelo vivo. Para eles todos, o amarelo representava a "menina dos raios de sol" e, incrivelmente, o nome da loja era Kallista! Era notável, e o que também impressionava era o fato de a loja ficar a somente 150 metros do hotel onde eles estavam hospedados.

Refletindo com cuidado, Debby explicou que eles tinham sido transferidos para aquele hotel na última hora, e que se viam agora numa região completamente desconhecida da cidade. Havia, além disso, o fato de que Kallista é um nome bastante incomum, que eles nunca tinham visto escrito em parte nenhuma, que dirá numa loja! Esse incidente levantou consideravelmente seu ânimo, e eles tiraram uma fotografia dos filhos na frente da loja, como lembrança da incrível coincidência.

Aquela foto provou-se uma bênção, mas claro que retornar para casa, sem a querida Kallista, representou uma dificuldade enorme para todos. A família deles e seu amor, no entanto, ajudaram-nos a suportar aqueles dias de extrema dificuldade.

A avó de Kallista recebeu três sinais maravilhosos, enviados pelos anjos. Certa noite, em estado de grande desespero, ela encontrou uma grande pena branca sobre seu travesseiro. Numa outra manhã, quando se preparava para uma reunião, estava prestes a vestir seu *blazer* fino quando viu uma pequena pena branca grudada nele, embora ela tivesse separado a roupa na noite anterior e verificado que estava impecavelmente limpa. A terceira e última pena foi encontrada sobre um conjunto de fotos dos netos, pousada exatamente sobre a fotografia de Kallista. Essa pena está agora colocada seguramente dentro de uma moldura.

Um dia, a irmã de Debby disse, aflita: "Kallista, você está cuidando de sua mãe e de sua avó, mas e de mim?" Prosseguiu com suas atividades e, por fim, voltou ao lugar onde havia feito o pedido, para então encontrar sua pena branca estendida ali.

O último sinal, também emocionante, apareceu quando Debby sentia-se particularmente abatida e decidiu levar flores ao pequeno túmulo de Kallista. Assim que Debby começou a caminhar dentro da alameda no cemitério, percebeu pequenas penas brancas de ambos os lados. Havia penas também nos portões e no caminho interno do cemitério, fazendo uma espécie de trilha até o túmulo! Empolgada e animada, Debby contou à família o evento mágico. Desejando ver as penas, foram todos ao cemitério e lá estavam elas, ainda no mesmo lugar. A experiência reanimou-os, e Debby diz saber que não está mais sozinha, nesse momento difícil.

O amor tem mantido os membros da família juntos. Embora Debby e seus familiares não possam mais ver Kallista fisicamente, o amor dela e o dos anjos estarão para sempre entre eles.

Dica especial do anjo

Abra o seu coração para o amor. Mais importante que tudo, ame a si mesmo e aos outros, e os anjos amarão você ilimitadamente.

A vida é como um livro que jamais acaba; os capítulos terminam, mas não o livro em si.
O final de uma encarnação física é como o final de um capítulo, que de algum modo prepara o início do capítulo seguinte.

MARIANNE WILLIAMSON
ATIVISTA ESPIRITUAL, ESCRITORA E PALESTRANTE

Com o amor, conseguiremos o que desejamos

Como cantaram os Beatles, *All you need is love* [Tudo de que você precisa é amor]. O amor é a própria essência da vida, que, sem ele, tem muito pouco sentido. Desde o momento em que nascemos, o amor nos guia, nos alimenta e nos ajuda a crescer. Ele garante que nossa interação com as pessoas seja repleta de significado. Ele fascina e mobiliza nossa compreensão e compaixão. Enriquece nosso relacionamento com pais, filhos, amigos, o mundo natural e até nossos animais de estimação; ele abrange tudo. Guia-nos ao longo da vida e mitiga o sofrimento da morte.

Enquanto continuarmos a amar, jamais poderemos ser separados de ninguém. Se você decidir formular um desejo para uma estrela, dirija-o à estrela do amor.

DESTAQUES A PONDERAR

Amo a mim mesmo.
Amo a vida.
Sou digno de amar e de ser amado.
Demonstro amor aos outros.
Dou e recebo amor.
Estendo minha mão àqueles que necessitam.
Eu sei que o amor é eterno.

Conclusão

Uma eternidade de estrelas

Se mostrarmos determinação, nossa jornada pela vida poderá ser estimulante e recompensadora, apesar dos obstáculos que possam surgir no caminho. Como demonstram as histórias deste livro, muitas pessoas enfrentam provas extremas e, no entanto, esses mesmos indivíduos encontram conforto e coragem em meio à adversidade, sob a forma mais simples. Eles confiam nos sinais e nas mensagens enviadas a eles pelos anjos e, enfrentando todas as adversidades, consideram as bênçãos que receberam.

Esperamos, sinceramente, que estes sete capítulos o tenham inspirado e apaziguado, além de estimulá-lo a considerar suas próprias bênçãos. Conforte-se com o fato de que os anjos estão ao seu redor, assim como ao redor de todas as pessoas. Se você começar a trabalhar seriamente para aumentar a crença em si mesmo, com uma coragem verdadeira, os anjos trabalharão com você, para que seja bem-sucedido. Enfrente corajosamente as dificuldades, decida que, de hoje em diante, sua atitude será positiva, de confiança e corajosa. Ela, por sua vez, estimulará a existência da harmonia e da paz em sua vida diária, e com essa sensação de plenitude o amor surgirá.

Saiba que você está aqui por uma razão: mostrar ao mundo a crença em si mesmo, a harmonia, a gratidão, a coragem, a paz e o amor. Acolha essa jornada de fé e de cura. Olhe para as estrelas e para os seus anjos, mas volte também os olhos para dentro de si mesmo. É nesse lugar que você encontrará os seus anjos internos e todas as respostas de que possa precisar. E, mais importante do que tudo...

acredite e receba

Destaques a ponderar

Tenho consciência de minhas estrelas e de meus anjos.
Acredito em mim mesmo.
Trago harmonia para minha vida.
Sou grato por minhas bênçãos.
Acredito em um poder superior.
Sou corajoso, esta é a minha vida.
Sou um filho do universo.

Leituras complementares

Carter-Scott, Cherie. *If Life Is a Game, These Are the Rules*. Broadway Books, 1998. *Se a vida é um jogo, estas são as regras*. Ed. Rocco, 2000.

Chopra, Deepak. *The Seven Spiritual Laws of Success*. Bantam Press, 1996. *As sete leis espirituais do sucesso*, Ed. Best Seller, 1994 (46ª edição).

________. *The Deeper Wound*. Rider Books, 2001.

Covey, Stephen. *The 7 Habits of Highly Effective People*. Simon & Schuster Ltd, 1999. *Os sete hábitos das pessoas altamente eficazes*. Ed. Best Seller, 2005.

Davis, Annie. *The Little Book of Miracles*. Mc Dougal Publishing, 1998.

His Holiness Dalai Lama and Culter C. Howard, MD. *The Art of Happiness*. Riverhead Books, 1998. *A arte da felicidade*. Ed. Martins Fontes, 2003.

Drucker, Peter. *The Essential Drucker*. HarperCollins, 2003.

Dyer, Wayne W. *Real Magic*. HarperCollins, 1994.

Foundation for Inner Peace. *A Course in Miracles*. Arkana, 1997. *Um curso em milagres*. Ed. Pensamento, 1998.

Gawain, Shakti. *Creative Visualization*. Whatever Publishing, 1997. *Visualização criativa*. Ed. Pensamento, 2003.

Gibran, Kahlil. *The Prophet*. Arrow, 1998. *O profeta*. Ed. Madras, 2006.

Graves, Robert. *The White Goddess*. Metropolitan Books, 1997. *A deusa branca*. Ed. Bertrand Brasil, 2004.

Hay, Louise. *You Can Heal Your Life*. Hay House Inc, 2002. *Você pode curar sua vida*. Ed. Best Seller, 2005.

_______. *Everyday Positive Thinking*. Hay House Inc, 2004. *O poder das afirmações positivas*. Ed. GMT, 2005.

Holmes, Ernes. *How to Use the Science of Mind*. Dodd, Mead and Co, 1950.

Jeffers, Susan. *Feel the Fear and Do It Anyway*. Vermilion, 2007. *Tenha medo... e siga em frente*. Ed. Cultrix, 2001.

Lensink, Marianne. *Guided Coincidences*. Schors Publishing, 2006.

McClure, Vimala. *Tao of Motherhood*. New World Library, 1992.

Nacson, Leon. *A Stream of Dreams*. Hay House Inc, 2003.

Ponder, Catherine. *Prosperity Power of Prayer*. De Vorss & Company, 1984.

Richardson, Cheryl. *Take Time for Your Life*. Broadway Books, 2000.

Rinpoche, Sogyal. *The Tibetan Book of Living and Dying*. Rider Books, 2002. *Livro Tibetano do Viver e do Morrer*. Ed. Palas Athena, 1999.

Ruiz, Don Miguel. *The Four Agreements*. Amber-Allen Publishing, 1997.

Smiley, Tavis. *Empowerment Cards for Inspired Living*. Hay House Inc, 2004.

Weiss, Brian L. *Many Lives, Many Masters*. Piatkus Books, 1994. *Muitas vidas, muitos mestres*. Ed. GMT, 1998.

Williamson, Marianne. *A Return to Love*. HarperCollins, 1996. *Um retorno ao amor*. Ed. Francis, 2004.

Wilson Schaef, Anne. *Meditations for Women Who Do Too Much*. HarperOne, 2004.

Agradecimentos

Sempre que se termina um livro, isso dá lugar a tamanha sensação de gratidão que dizer simplesmente "obrigado" soa inadequado. Espero que as pessoas envolvidas na produção desta obra percebam como são especiais e como é enorme a gratidão que sentimos pelo apoio constante, pelo estímulo e pela orientação que recebemos. Nosso obrigado a Judith Kendra, Sue Lascelles, Sarah Bennie, Caroline Newbury, Ed Griffiths, David Parrish, Ross Eckersley, Rachel Eckersley, Ed Potten, Gillian Smith, Michael Smith, Rev. Gillian Gordon, Jean Thornton, Val Bagarozzi, August Bagarozzi, Mary Bullough, Greta Woolf, Stella Morris e todos os funcionários da Sweetens Book Store, Janice Green, Barbara Moulton, Evelyn M. Dalton, Fern Britton, Philip Schofield, Ver. David Gaffney, Leeza Gibbons, Anne Taylor, Cheryl Murphy, Christopher Watt, Vivien Gibson, Bryan Craig, Cheryl Welch, Patty Q., Circa De La Cruz, Fiona Harrold, Kelly Wald, Jane Gibson of Brighlight, Pam Beldon, Jason Kinrade, Wendy Price, Beverly Aldritt, Doriana Mazola, Sante Losio, Kenny Feuerman, Sherry Daech, Patty Fleming, Christine Miller R.Q., Sarah, Cindy Schneider, Michiko J. Rolek, Amelia Kinkade, Harold Dupre, Bruce Hatton, Patricia McDonough, Brian Wright e Shannon Factor, Trish e Steve Watt, Kim e Johan Uyttewaal, Ute Ville, Ikuko Iwasaki, Douglas Preston, Elizabeth Day e Anna Ouroumian.

Por último, não podemos deixar de dizer um enorme obrigado às generosas pessoas que nos permitiram relatar suas histórias pessoais, tão especiais. São elas:

Patsy Allen, Christina Aspinall, Anne Bailey, Lynn Barrat, Frank Berwick, Kath Braden, Marie Caltieri, Norma Clarke, Pamela Cuthbert, Roy Cuthbert, Jane Dale, Steven Evans, Barbara Evans, Julie Fearnhead, Debby, Tom, Athena, Xander Heavey, Margaret Hindley, Rebecca Holt, Kelly Horton, Suzannah James, Marianne Lensink, Bernard Mason, Louise Metcalf, Norma Mosley, Nancy Mnoss, Janice O'Gara, Trisha Peacock, Dulce Pembeiro, Margaret Porter, Wendy Price, Gemma Procter, Stephanie Rose, Colin Sheldon, Sarah Sheldon, Carter Stewart-Singleton, Marjorie Taylor, Enid Wardleworth, Louise e também William, Helen e Hannah.

Glennyce Eckersley é especialista internacional em anjos e autora de muitos livros de sucesso, incluindo *An Angel at My Shoulder* e *Saved by the Angels*. Mora em Manchester, no Reino Unido.

Gary Quinn é mestre espiritual, trabalha com *life coach* e é um escritor popular. É autor, entre outras obras, de *May the Angels Be With You* e *Vivendo no paraíso espiritual*. É o fundador do Our Living Centre, em Los Angeles, na Califórnia.

Glennyce e Gary são os co-autores de *An Angel Forever* e *Angel Awakenings*. Eles apareceram várias vezes na mídia, tanto individualmente quanto juntos, e ministram *workshops* bem-sucedidos em ambos os lados do Atlântico.

Anjos Acreditar e Receber foi impresso em São Paulo/SP,
pela Prol Gráfica, para a Larousse do Brasil em fevereiro de 2008.